벼리 한국어 읽기

초급 2

Beginner's Korean Reading 2

나 찬 연

일 러 두 기

1. 교재의 성격

  '벼리 한국어 읽기'는 외국인에게 '한국어 능력 시험(Korean Proficiency Test : KPT)'의 1등급과 2등급 수준의 한국어 읽기를 교육하기 위하여 개발하였습니다. 이 책은 한국어 교사가 한국어 교육 기관에서 교수·학습 활동을 진행하면서 활용할 수 있도록 개발한 교재입니다.

  'i-벼리 한국어 학당(http://byeori.net)'에서는 교수·학습 활동을 할 때 필요한 멀티미디어 학습 자료를 인터넷을 통하여 온라인으로 제공합니다. 이 책은 'i-벼리 한국어 학당'을 통하여 제공되는 멀티미디어 학습 자료를 적절하게 활용할 수 있도록 개발되었습니다. 그러므로 교사와 학습자는 'i-벼리 한국어 학당'에서 무료로 제공하는 동영상, 애니메이션, 음성 자료, 텍스트 자료 등을 교수·학습 활동에 활용할 수 있습니다.

2. 교재의 내용

2.1. 교재의 내용과 짜임

  '벼리 한국어 읽기'는 '초급 1'과 '초급 2'의 두 권으로 제작되었습니다. '초급 1'은 한국어 능력 시험 1등급 수준의 읽기 교육 내용으로 구성하였다. 그리고 본 교재인 '초급 2'는 '초급 1'의 내용을 심화·발전시켜서, 한국어 능력 시험의 2등급 수준의 읽기 교육 내용으로 구성하였습니다.

  '벼리 한국어 읽기 초급 2'에서는 초급 한국어 읽기의 교수·학습 내용을 주제별로 선정하여, 전체 단원을 다음과 같이 10단원으로 구성하였습니다.

* "이 저서는 2011학년도 경성대학교 학술 연구비 지원에 의하여 연구되었습니다."

단원	주 제	문 법	더 배우기
1과	음식과 맛	·~등, 하지만, -기 때문에, -이나, -고 나니까 , -으로	·맛 표현, 식사 주문 표현 ·받침의 발음 1
2과	은행 이용	·-보다, -아야 하다, -아도 되다, -으면, -을, -으려면, -으세요	·한국의 화폐, 돈의 단위 ·받침의 발음 2
3과	우체국 이용	·-도, -는, -은, -은 지, -고 싶다, -기 위해서, -기 쉽다/어렵다	·보조사의 의미적 차이 ·겹받침의 발음 1
4과	병원과 약국	·A가 B에게 V-게 하다. ·못, -자마자, -으니/-으니까, -는데/은데, -아 있다	·부정문의 형식 ·겹받침의 발음 2
5과	취미 소개	·것, -마다, -씩, -을 수 있다/없다, -을 줄 알다/모르다, -을 예정이다, -아지다	·피동 표현 ·받침 'ㅎ'의 발음
6과	길 찾기	·자기/자신, 한/약~쯤/정도, -을 것/거, -으십시오, -지 말다, -더라도	·상대 높임법 ·구개음화
7과	교통수단	·-으므로, -만에, -아 주다, -는답니다, -려고 하다, -로	·비교 문장 ·보조사의 위치 ·자음 동화 1
8과	여행하기	·A뿐만 아니라 B도, ·관형어의 겹침, 제일, -까지, -으로써, -을 만하다, -을 뿐만 아니라	·시간 표현 1 ·자음 동화 2
9과	예약하기	·~박 ~일, -에 대한/관한, -과, -하고, -이랑, -마저, -었었-/-았었-, -고, -을수록	·시간 표현 2 ·경음화 1
10과	계절과 날씨	·-기도 하다, -는 것은 아니다, -게 되다, -아 가다	·보조 용언 ·경음화 2

['초급 2'의 단원과 학습 내용]

2.2. 소단원의 교육 내용과 짜임

본 교재의 소단원은 [학습 안내－기본 학습－응용 학습－풀어 보기－더 배우기]로 짜여 있습니다.

학습 안내	학습 목표	활동 목표, 어휘 목표, 문법 목표
	삽화	학습 동기를 유발하기 위한 이야기 그림
기본 학습	기본 학습	기본 학습의 교수·학습 활동을 수행하기 위한 텍스트
	어휘 학습	기본글에 제시된 새로운 어휘
	발음 학습	기본글에 제시된 어려운 발음
	문법 학습	기본글에 나타난 문법 사항
	내용 학습	기본글에 대한 이해도를 측정하는 학습 문제
응용 학습	응용 학습	응용 학습의 교수·학습 활동을 수행하기 위한 텍스트
	어휘 학습	응용글에서 제시된 새로운 어휘
	발음 학습	응용글에서 제시된 발음하기 어려운 말
	문법 학습	응용글에서 나타나는 문법 사항
	내용 학습	응용글의 내용에 대한 이해도를 측정하는 학습 문제
풀어 보기	풀어보기 1	학습자가 해당 단원에서 이루어진 학습 성취도를 측정하기
	풀어보기 2	위한 형성평가 문제
더 배우기	어휘·문법	소단원의 주제와 관련 있는 어휘나 문법 사항
	음운 규칙	한국어에 나타나는 기본적인 음운 규칙

(1) 학습 안내 : '학습 안내'에서는 '이야기 사진(story photograph)'을 이용하여 학습 내용을 소개하고 학습 동기를 유발하도록 하였습니다. 그리고 '학습 목표'를 '활동 목표, 어휘 목표, 문법 목표'로 나누어서 설정하였으며, 이들 목표들을 글상자에

넣어서 학습자에게 명시적으로 제시하였습니다. 여기서 '활동 목표'는 소단원의 주제와 관련된 일을 일상 생활에서 실제로 수행할 줄 아는 능력을 기르는 목표이며, '어휘 목표'는 단원의 주제와 관련된 어휘들을 표현하고 이해할 줄 아는 목표입니다. 끝으로 '문법 목표'는 주제와 관련된 내용을 문법 규칙에 맞으면서도 의미적으로 적절한 문장으로 표현하고 이해할 줄 아는 능력을 기르는 목표입니다.

(2) 기본 학습: '기본 학습'에서는 학습 목표를 달성하기 위하여 학습자가 반드시 성취해야 할 기본적인 학습 내용을 제시했습니다. 먼저 주제와 관련된 '기본글'을 소개하고, '기본글'에서 나타나는 '어휘 학습·발음 학습·문법 학습·내용 학습'을 위한 교수-학습의 내용을 제시하였습니다.

(3) 응용 학습: '응용 학습'에서는 기본 학습과는 다른 내용으로 좀더 심화된 학습 내용을 제시했습니다. 응용 학습도 기본 학습과 마찬가지로 '응용글·어휘 학습·발음 학습·문법 학습·내용 학습'으로 나누어서 학습 내용을 제시하되, 교육 내용을 다양화하고 난이도를 높였습니다.

(4) 풀어 보기: '풀어 보기'에서는 기본과 응용 학습에서 학습한 내용을 문제의 형식으로 제시하였습니다. 교사는 형성 평가 시간에 학습자에게 '풀어보기'의 평가 문항을 해결하게 함으로써, 학습자 개개인의 단원별 성취도를 평가할 수 있습니다. 또한 교사는 학습자의 성취도를 분석하여 학습자 개인의 수준에 맞는 학습 내용과 방법을 개발할 수 있을 뿐만 아니라 교수·학습의 방법을 개선할 수 있습니다.

(5) 더 배우기: '더 배우기'에서는 '어휘'와 '음운 규칙'에 대한 심화 학습 내용을 실었습니다. 먼저 '어휘'에서는 단원의 주제와 관련이 있으면서도 기본 학습과

응용 학습에서 다루지 않은 중급이나 고급 수준의 어휘들을 제시했습니다. 그리고 '음운 규칙'에서는 한국어의 특정한 음운이 쓰이는 환경에 따라서 변동하는 음운 규칙을 심화 학습 내용으로 정리하여 실었습니다. 다만, '더 배우기'의 교육 내용은 심화 학습 내용이기 때문에 교수-학습 활동에서 직접적으로 다루지 않아도 됩니다.

4. ι-벼리한국어학당

'ι-벼리 한국어 학당(http://byeori.net)'에서는 한국어 교육용 멀티미디어 자료를 인터넷을 통하여 온라인으로 무료 제공합니다. 'ι-벼리 한국어 학당'의 구성과 운영에 관한 사항은 다음과 같습니다.

(1) 'ι-벼리 한국어 학당'의 구성

소개방
/ 학당 소개 / 운영 / 조직 / 도우미 /

발음방
/ 발음방 소개 / 발음법 / 발음하기 / 발음듣기 /

한글방
/ 한글방 소개 / 자모 / 음절 /

강의실
/ 강의실 소개 / 회화 / 듣기 / 말하기 / 읽기 / 쓰기 /

노래방
/ 노래방 소개 / 동요 / 가요 / 민요 /

이웃집
/ 이웃집 /

문답방
/ 문답방 /

(2) 'ㄴ-벼리한국어학당'의 운영

◎ 명 칭 : 벼리 한국어 학당 (Byeori Korean Language School)

◎ 위 치 : http://byeori.net

◎ 목 적 : 한국어 교육용 멀티미디어 자료 보급

◎ 운영자 : 나찬연(경성대학교 국어국문학과)

◎ 연락처 : E-Mail : ncy@ks.ac.kr   051-663-4212

[차 례]

1. 비빔밥은 조금 맵습니다. ·· 11

2. 은행에서 돈을 찾으려고 합니다. ·· 31

3. 편지를 부치기 위해 우체국에 갔다. ··· 53

4. 어젯밤부터 이가 많이 아팠다. ··· 73

5. 진주 씨는 포켓볼을 할 수 있습니다. ······································ 95

6. 도서관이 어디에 있습니까? ·· 117

7. 비행기를 타러 공항에 갔습니다. ·· 137

8. 부산은 아름다운 항구 도시입니다. ··· 157

9. 민박집을 빌렸다. ··· 177

10. 대한민국은 사계절이 뚜렷합니다. ·· 199

[부록] ··· 215

   부록 1. 대화문 번역 ··· 217

   부록 2. 찾아보기 ·· 231

버리 한국어 읽기 2

1. 비빔밥은 조금 맵습니다.

[학습목표]

○ 식당에서 음식을 주문하고 음식의 맛을 표현할 수 있다.

○ 음식, 맛, 식기 등 식생활과 관련된 어휘를 익힌다.

○ 다음의 문장에 나타난 문법 사항을 이해할 수 있다.

- 한국 사람은 숟가락이나 젓가락으로 음식을 먹습니다.
- 국에는 고깃국, 나물국, 생선국 등이 있습니다.
- 밥은 숟가락으로 먹습니다. 하지만 반찬은 젓가락으로 먹습니다.
- 된장은 콩으로 만든다.
- 불고기를 먹고 **나니까** 된장찌개가 나왔다.
- 된장은 콩으로 만들기 **때문에** 맛이 구수하다.

기 본 글

한국에는 비빔밥, 불고기, 된장찌개, 김치 등 여러 가지 음식이 있습니다.

한국 사람들은 비빔밥을 좋아합니다. 비빔밥은 맛이 고소하지만 조금 맵습니다. 비빔밥은 밥에 고추장, 나물, 참기름 등을 넣고 비벼서 만듭니다.

김치에는 백김치, 배추김치, 국물김치, 총각김치가 있습니다. 김치는 맵지만 한국 사람들은 김치를 자주 먹습니다.

국에는 콩나물국, 고깃국, 나물국, 생선국 등 다양한 종류가 있습니다.

한국 사람은 식사 때 숟가락과 젓가락을 사용합니다. 밥이나 국은 숟가락으로 떠먹습니다. 하지만 반찬은 젓가락으로 집어먹습니다.

🍬 기본 어휘

- 밥 : rice 米饭
- 맛 : taste 味道
- 나물 : vegetables 野菜
- 김치 : kimchi 泡菜
- 식사 : meal 吃饭
- 젓가락 : chopstick 筷子
- 종류 : sort(kind) 种类
- 고소하다 : savory 香喷喷
- 넣다 : put 放
- 다양하다 : a variety of 各种各样
- 먹다 : eat 吃
- 조금 : a little 一点儿

- 비빔밥 : bibimbap 拌饭
- 고추장 : hot pepper paste 辣椒酱
- 참기름 : sesame oil 香油
- 국 : soup 汤
- 숟가락 : spoon 勺子
- 반찬 : side dish 菜肴, 小菜
- 등 : etc. 等(助词)
- 맵다 : hot 辣
- 비비다 : mix 拌, 和弄
- 사용하다 : use 使用
- 집어먹다 : pick up and eat 夹着吃
- 자주 : often 经常

🍬 기본 발음

- 비빔밥 　　[비빔빱]
- 넣고 　　[너코]
- 젓가락 　　[젇까락 / 저까락]
- 맵습니다 　[맵씁니다]

- 넣어 　　[너어]
- 숟가락 　[숟까락]
- 고깃국 　[고긷꾹 / 고기꾹]
- 종류 　　[종 : 뉴]

 기본 문법

기본 문법 1 【 -(이)나 】

가. 숟가락이나 젓가락으로 음식을 먹는다.
나. 기차나 버스를 타세요.

연습 1 보기처럼 다음의 빈칸에 '-(이)나'를 넣어서 문장을 이어 보세요.

<보기> [숟가락으로 음식을 먹는다] + [젓가락으로 음식을 먹는다]
→ 숟가락이나 젓가락으로 음식을 먹습니다.

① [영희 씨는 아침에 사과를 먹는다] + [영희 씨는 아침에 오렌지를 먹는다]

→ _____.

② [내일은 비가 온다] + [내일은 눈이 온다]

→ _____.

③ [우리는 바다로 소풍을 간다] + [우리는 산으로 소풍을 간다]

→ _____.

④ [나는 오전에 수영을 한다] + [나는 오전에 달리기를 한다]

→ _____.

⑤ [그들은 내년에 일본에 간다] + [그들은 내년에 중국에 간다]

→ _____.

연습 2   보기처럼 빈칸에 '-(이)나'를 넣어 문장을 만드세요.

> <보기> 사과_____ 복숭아를 주세요.
>
>   → 사과나 복숭아를 주세요.

① 선물로 시계_____ 볼펜을 사세요.

② 여름에는 강_____ 바다로 놀러 갑니다.

③ 택시_____ 버스를 타고 갑니다.

④ 영희는 철수에게 전화_____ 편지를 합니다.

기본 문법 2 【 등 】

> 가. 국에는 고깃국, 나물국, 생선국 등이 있습니다.
>
> 나. 꽃에는 장미, 해바라기, 백합 등이 있습니다.

연습 1   빈칸에 보기처럼 '등'을 넣어서 읽어 보세요.

> <보기> [국 : 고깃국, 나물국, 생선국,……]
>
>   → 국에는 고깃국, 나물국, 생선국 등이 있습니다.

① [스포츠 : 축구, 테니스, 탁구…]

  → 스포츠에는 축구, 테니스, 탁구 _____이 있습니다.

② [과일 : 사과, 딸기, 바나나…]

  → 과일에는 사과, 딸기, 바나나 _____이 있습니다.

③ [한국 음식 : 김치, 불고기, 떡, 식혜…]

→ 한국 음식에는 김치, 불고기, 떡, 식혜 _____이 있습니다.

기본 문법 3 【 하지만 】

> 가. 밥은 숟가락으로 먹습니다. 하지만 반찬은 젓가락으로 먹습니다.
>
> 나. 제인은 머리카락이 검은색이지만 눈은 노란색이다.

연습 1 빈칸에 보기처럼 '하지만'을 넣어 문장을 만드세요.

> <보기> 한국어 공부는 어렵다. 하지만 한국어 공부는 재미있다.

① 김치는 맵다. _____ 나는 김치를 좋아한다.

② 필통 속에 연필이 많다. _____ 지우개는 없다.

③ 낮에는 도로에 차가 많습니다. _____ 밤에는 차가 적습니다.

④ 우리 가족은 모두 키가 큽니다. _____ 저는 키가 작습니다.

연습 2 빈칸에 보기처럼 '-지만'을 넣어 두 문장을 이어 보세요.

> <보기> 밥은 숟가락으로 먹습니다. 하지만 반찬은 젓가락으로 먹습니다.
>
> → 밥은 숟가락으로 먹지만 반찬은 젓가락으로 먹습니다.

① 스미스는 밥을 먹었다. 하지만 톰은 밥을 먹지 않았다.

→ _____.

② 어제는 비가 왔다. 하지만 오늘은 눈이 왔다.

→ _____.

③ 오늘은 바람이 많이 분다. 하지만 오늘은 날씨가 춥지 않다.

→ _____.

 내용 학습

연습 1 다음의 문장이 기본 글의 내용과 같으면 'O'를 표시하고, 다르면 '×'를
        표시하세요.

    ① 한국 사람들은 김치를 자주 먹습니다. ------------------------ [   ]

    ② 한국 사람들은 식사 때 반찬을 숟가락으로 떠먹는다. ---- [   ]

    ③ 국은 고깃국, 나물국, 생선국만 있다. ------------------------ [   ]

    ④ 한국 사람들은 빵은 먹지 않습니다. ------------------------ [   ]

연습 2 기본 글을 읽고 다음 물음에 답하세요.

    ① 비빔밥과 김치는 어떤 맛인가요?

        답 : _____

    ② 비빔밥은 어떻게 만드나요?

        답 : _____

    ③ 김치의 종류에는 무엇이 있나요?

        답 : _____

응 용 글

재형 씨는 진주 씨와 함께 불고기 집에 갔습니다. 거기서 재형 씨는 불고기와 된장찌개를 주문하였습니다.

불고기는 마늘, 양파, 생강, 간장, 버섯 등 갖은 양념을 넣어서 만듭니다. 그리고 불고기는 고기를 불에 구워서 야채와 함께 먹습니다.

두 사람이 불고기를 다 먹고 나니까 이번에는 된장찌개가 나왔습니다. 된장찌개는 된장에 두부, 파, 애호박, 해물 등을 넣어서 만듭니다. 된장찌개의 주재료는 된장입니다. 된장은 콩으로 만들기 때문에 맛이 구수합니다.

재형 씨와 진주 씨는 불고기와 된장찌개를 좋아해서 맛있게 먹었습니다.

응용 어휘

- 불고기집 : a bulgogi restaurant 烤肉餐厅
- 된장찌개 : bean paste stew 酱汤
- 양파 : onion 洋葱
- 간장 : soy sauce 酱油
- 양념 : seasoning 作料
- 불 : fire 火
- 재료 : materials 材料
- 된장 : soybean 大酱
- 파 : green onions 葱
- 해물 : seafood 海鲜
- 주문하다 : order 点菜
- 굽다 : barbecue 烤
- 맛있다 : delicious 好吃

- 불고기 : bulgogi 烤肉
- 마늘 : garlic 蒜
- 생강 : ginger 生姜
- 버섯 : mushroom 蘑菇
- 고기 : meat 肉(禽类)
- 야채 : vegetables 蔬菜
- 콩 : bean 豆
- 두부 : soybean curd 豆腐
- 애호박 : squash 小南瓜
- 주재료 : main ingredient 主材料
- 만들다 : make 制做
- 구수하다 : savory 香扑扑的
- 거기서 : at that place / there 在那里

응용 발음

- 갖은   [가즌]
- 넣어서   [너어서]
- 만듭니다 [만듬니다]

- 맛있게 [마싣께/마딛께]
- 된장찌개 [된ː장찌개/뒌ː장찌개]

 응용 문법

응용 문법 1 \ 【 -고 나니(까) 】

> 가. 불고기를 먹고 **나니까** 된장찌개가 나왔다.
>
> 나. 책을 다 읽고 **나니** 잠이 왔다.

연습 1   보기처럼 빈칸에 '-고 나다'를 넣어서 두 문장을 이어 보세요.

> <보기> [불고기를 먹다] + [된장찌개가 나왔다]
>
> → 불고기를 먹고 **나니까** 된장찌개가 나왔다.

① [일을 마치다] + [금방 밤이 되었다]

→ _____.

② [감기약을 먹다] + [잠이 왔다]

→ _____.

③ [영화를 보다] + [기분이 좋아졌다]

→ _____.

④ [운동을 하다] + [땀이 많이 났다]

→ _____.

⑤ [비가 오다] + [날씨가 매우 추워졌다]

→ _____.

응용 문법 2 【 -(으)로 】

가. 된장은 콩으로 만든다.

나. 국수는 밀가루로 만듭니다.

연습 1   보기처럼 빈칸에 '-(으)로'를 넣어서 문장을 만드세요.

<보기> 된장은 콩_____ 만든다.

  → 된장은 콩으로 만든다.

① 아버지는 나무_____ 책상을 만든다.

② 송편은 쌀가루_____ 빚습니다.

③ 김치는 배추_____ 담급니다.

④ 밥은 쌀_____ 짓습니다.

응용 문법 3 【 -기 때문에 】

가. 된장은 콩으로 만들기 **때문에** 맛이 구수하다.

나. 점심을 많이 먹었기 **때문에** 배가 몹시 부르다.

연습 1   보기처럼 빈칸에 '-기 때문에'를 넣어서 두 문장을 이으세요.

<보기 1> [된장은 콩으로 만든다] + [된장은 맛이 구수하다]

  → 된장은 콩으로 만들기 **때문에** 맛이 구수하다.

<보기 2> [점심을 많이 먹었다] + [배가 몹시 부르다]

  → 점심을 많이 먹었기 **때문에** 배가 몹시 부르다.

① [저녁에 비가 많이 온다] + [우산을 준비한다]

→ _____.

② [밖에 눈이 많이 온다] + [집 안에서 놀아라]

→ _____.

③ [딸기가 너무 비쌌다] + [나는 사과를 샀다]

→ _____.

④ [시청까지는 너무 멀었다] + [우리는 택시를 탔다]

→ _____.

⑤ [시간이 없었다] + [운동을 하지 못했다]

→ _____.

연습 2 보기처럼 빈칸에 '-기 때문에'를 넣어 문장을 만드세요.

<보기> 손님이 _____ 청소를 합니다.   [왔다]

→ 손님이 왔기 때문에 청소를 합니다.

① 리에 씨는 열심히 _____ 성적이 우수하다.   [공부하다]

② 나는 일을 많이 _____ 집에서 쉬었다.   [했다]

③ 이 가게는 과일 값이 _____ 장사가 잘 된다. [싸다]

④ 나는 책을 많이 _____ 글을 잘 쓴다.   [읽었다]

⑤ 조홍 씨는 키가 _____ 농구를 잘했다.   [크다]

 **내용 학습**

연습 1   응용 글을 읽고 다음 물음에 답하세요.

① 재형 씨와 진주 씨가 주문한 음식은 무엇인가요?

답 : _____.

② 된장찌개의 재료는 무엇입니까?

답 : _____.

연습 2   응용 글을 읽고, 다음의 문장을 완성하세요.

① 불고기는 마늘, 양파, 생강, 간장, 버섯 등 갖은 _____을 넣어서

만듭니다.

② 불고기는 고기를 불에 구워서 _____와 함께 먹습니다.

③ 된장은 _____으로 만들기 때문에 맛이 구수합니다.

④ 재형 씨는 _____를 먹고 나서 _____를 먹었다.

풀어 보기

풀어 보기 1

문제 1 보기처럼 빈칸에 '-기 때문에'를 넣어서 문장을 만드세요.

> <보기> 아이가 방에서 _____ 조용히 해야 한다. [공부하다]
>
> → 아이가 방에서 공부하기 **때문에** 조용히 해야 한다.

① 진주 씨는 성격이 _____ 인기가 많다.   [쾌활하다]

② 동생은 키가 _____ 농구선수가 되었다. [크다]

③ 스미스 씨는 매일 _____ 건강합니다.   [운동하다]

④ 비가 많이 _____ 도로가 많이 막힌다.   [내렸다]

④ 이가 _____ 밥을 못 먹었다.   [아팠다]

문제 2   보기처럼 문장을 바꾸어서 표현해 보세요.

> <보기> [제인은 이번에 졸업한다] + [제인은 취직을 하지 못했다]
>
> → 제인은 이번에 졸업한다. 하지만 취직을 하지 못했다.
>
> → 제인은 이번에 졸업하지만 취직을 하지 못했다.

① [눈이 많이 내린다] + [우리는 금강산으로 출발한다]

→ _____.

→ _____.

② [선생님께서 오셨다] + [학생들이 계속 떠든다]

   → _____.

   → _____.

③ [날씨가 춥다] + [꽃이 벌써 피었다]

   → _____.

   → _____.

④ [방학이 되었다] + [철수 씨는 고향에 가지 않았다]

   → _____.

   → _____.

⑤ [한국어는 어려웠다] + [철수 씨는 한국어를 열심히 공부했다]

   → _____.

   → _____.

문제 3   보기처럼 빈칸에 '-고 나니(까)'를 넣어서 문장을 만드세요.

> <보기> 밥을 _____ 배가 부르다.   [먹다]
>
>   → 밥을 먹고 나니까 배가 부르다.

① 아이를 _____ 마음이 아프다.   [때리다]

② 컴퓨터를 _____ 돈이 없다.   [사다]

③ 청소를 _____ 집이 깨끗하다.   [하다]

④ 비가 _____ 하늘이 깨끗해졌다.   [내리다]

⑤ 등산을 _____ 기분이 상쾌해졌다.   [하다]

풀어 보기 2

문제 1 보기 속에서 적절한 단어를 골라서 다음 문장을 완성하세요.

> <보기> ① [컴퓨터, 타자기, 노트북, 볼펜, 사인펜]
>
> ② [국수, 빵, 라면, 밥, 돼지갈비, 삼겹살]
>
> ③ [붓, 연필, 스케치북, 물감, 도화지]
>
> ④ [산, 강, 바다, 호수, 계곡, 놀이공원]

① 그림을 그리려면 _____(이)나 _____이/가 필요하다.

② 주말 여행을 _____(이)나 _____(으)로 가겠다.

③ 요즈음은 대부분 _____(이)나 _____(으)로 글을 쓴다.

④ 오늘 아침에는 _____(이)나 _____을/를 먹겠습니다.

문제 2 한국 음식을 만드는 방법을 친구한테 물어 보세요. 그리고 보기 속의 적절한 단어를 넣어서 다음의 문장을 완성하세요.

> <보기> 콩, 된장, 가래떡, 파, 무, 배추, 쌀가루, 밀가루

① 깍두기는 _____(으)로 담는다.

② 파전은 _____(으)로 만든다.

③ 떡국은 _____(으)로 만든다.

④ 두부는 _____(으)로 만든다.

⑤ 송편은 _____(으)로 빚는다.

⑥ 김치는 _____(으)로 담는다.

⑦ 라면은 _____(으)로 만든다.

문제 3   보기처럼 빈칸에 '등'을 넣어서 문장을 만드세요.

<보기> 어머니께서는 사과, 배, 감 _____을 사셨다.

　　　→ 어머니께서는 사과, 배, 감 등을 사셨다.

① 교통수단에는 비행기, 기차, 자동차, 배 _____이 있다.

② 배낭, 등산화, 모자, 수건, 선글라스 _____이 지금 필요하다.

③ 부산에는 해운대, 송정, 다대포 _____ 관광지가 많다.

④ 손님들이 부산, 울산, 창원 _____에서 많이 모였다.

풀어 보기 3

문제   다음 표현을 소리나는 대로 적으세요.

① 맛있게 [　　　　　　　]　　　② 젓가락　 [　　　　　　　]

③ 고깃국 [　　　　　　　]　　　④ 맵습니다 [　　　　　　　]

더 배우기

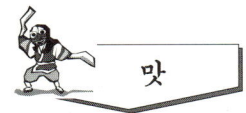

맛

(1) 달다	→	사탕과 설탕은 달다.
(2) 쓰다	→	약은 쓰다.
(3) 맵다	→	고추장과 고춧가루는 맵다
(4) 짜다	→	소금과 간장은 짜다.
(5) 싱겁다	→	국이 싱겁다.
(6) 시다	→	레몬이 시다.
(7) 고소하다	→	콩은 고소하다.

식사를 주문할 때 쓰는 관용 표현

주인 : 어서 오세요.

손님 : 메뉴판을 보여 주세요.

주인 : 무엇을 드시겠습니까?

손님 : 오징어 볶음 1인분과 물 한잔 주세요.

⋮

손님 : 밥 한 공기와 국물 한 그릇만 더 주세요.

　　　그리고 반찬 한 접시 더 주세요.

주인 : 예, 여기 있습니다.

손님 : 맛있게 잘 먹었습니다.

받침의 발음 1

규칙 1: 홑받침이나 쌍받침이 모음으로 시작하는 말(조사, 어미, 접미사)과 결합되는 경우에는 제 음가대로 뒤 음절 첫소리로 옮겨서 발음한다.

---

① 체언 + 조사 :

- 옷 + 이   → 옷이 [오시]
- 꽃 + 을   → 꽃을 [꼬츨]
- 앞 + 으로 →앞으로 [아프로]

- 낯 + 이   → 낯이 [나치]
- 밭 + 에   → 밭에 [바테]
- 밖 + 에   → 밖에 [바께]

② 어간 + 어미 :

- 깎 + 아   → 깎아 [까까]
- 꽂 + 아   → 꽂아 [꼬자]

- 있 + 어   → 있어 [이써]
- 쫓 + 아   → 쫓아 [쪼차]

③ 어근 + 접미사 :

- 덮 + 이 + 다 → 덮이다 [더피다]
- 꺾 + 이 + 다 → 꺾이다 [꺼끼다]

규칙 2: 겹받침이 모음으로 시작되는 말(조사, 어미, 접미사)과 결합되는 경우에는, 제 음가대로 뒤 음절의 첫소리로 옮겨 발음한다.(이 경우, 'ㅅ' 은 된소리로 발음함)

---

① 체언 + 조사 :

- 넋 + 이   → 넋이 [넉씨]
- 값 + 에   → 값에 [갑쎄]

- 닭 + 을   → 닭을 [달글]
- 곬 + 이   → 곬이 [골씨]

② 어간 + 어미 :

- 앉 + 아   → 앉아 [안자]
- 핥 + 아   → 핥아 [할타]

- 젊 + 어   → 젊어 [절머]
- 읊 + 어   → 읊어 [을퍼]

2. 은행에서 돈을 찾으려고 합니다.

[학습목표]

○ 은행에서 돈을 찾거나 돈을 바꿀 수 있다.

○ 은행을 이용하는 데에 필요한 어휘를 익힌다.

○ 다음의 문장에 나타난 문법 사항을 이해할 수 있다.

- 은행에서 돈을 찾아야 합니다. • 돈을 찾아도 된다.
- 현금지급기를 사용하면 편리합니다. • 철수는 찾을 금액을 선택합니다.
- 환율은 어제보다 많이 내렸습니다. • 한국 돈으로 바꾸어 보세요.
- 돈을 바꾸려면 환율을 확인해야 합니다.

기 본 글

진주 씨는 은행에서 돈을 찾으려고 합니다. 은행에서 돈을 찾으려면 먼저 대기표를 뽑습니다. 그리고 청구서 작성대로 가서 예금 청구서를 적습니다. 예금 청구서에는 계좌번호, 찾을 금액, 비밀번호, 신청인의 이름을 적습니다. 마지막으로 예금 청구서와 예금 통장을 창구 직원에게 제출하면 예금을 찾을 수 있습니다.

현금 지급기를 이용해서 돈을 찾아도 됩니다. 현금 지급기를 이용하려면 현금카드나 신용카드를 만들어야 합니다. 먼저 현금카드나 신용카드를 현금 지급기에 넣습니다. 그리고 비밀번호를 입력하고 출금 버튼을 누릅니다. 마지막으로 찾을 금액을 선택하고 확인 버튼을 누르면, 곧바로 현금 지급기에서 돈이 나옵니다. 현금 지급기를 사용하면 대단히 편리합니다.

어휘

- 은행 : bank 银行
- 대기표 : waiting list 等候牌
- 예금 : deposit (bank account) 存款
- 작성대 : desk 写字台
- 금액 : amount of money 金额
- 창구 : the window 窗口
- 신청인 : applicant 申请人
- 현금지급기 : ATM 自动取款机
- 신용카드 : credit card 信用卡
- 버튼 : button 按钮
- 찾다 : withdraw 取(钱)
- 적다 : write down 写下
- 나오다 : come out 出来
- 편리하다 : be convenient 方便
- 이용하다 : use 利用
- 마지막으로 : finally 最后

- 돈 : money 钱
- 번호표 : number ticket 号码牌
- 청구서 : bill 银行单
- 계좌번호 : account number 帐号
- 비밀번호 : password 密码
- 창구 직원 : teller 窗口职员
- 이름 : name 名字
- 현금카드 : cash card 现金卡
- 출금 : withdrawal 取钱
- 확인 : confirmation 确认
- 뽑다 : pick up 拔
- 누르다 : push 按
- 선택하다 : select 选择
- 제출하다 : give 交给
- 곧바로 : immediately 直接
- 대단히 : very 非常

발음

- 현금지급기 [현금지급끼]
- 넣습니다 [넏씀니다 / 너씀니다]

- 뽑습니다 [뽑씀니다]
- 신청인의 [신청이늬 / 신청이네]

 기본 문법

기본 문법 1 【 -(아/어)야 하다 】

가. 은행에서 돈을 찾아야 합니다.

나. 진주 씨는 현금카드를 만들어야 했다.

연습 1 보기처럼 빈칸에 '-(아/어)야 하다'를 넣어서 문장을 만드세요.

<보기 1> [은행에서 돈을 찾는다]

→ 은행에서 돈을 찾아야 한다.

<보기 2> [진주 씨는 현금카드를 만들었다]

→ 진주 씨는 현금카드를 만들어야 했다.

① [우리는 매일 손을 씻었다]

→ _____.

② [학생들은 공부를 열심히 했다]

→ _____.

③ [나는 선생님을 꼭 만난다]

→ _____.

④ [내일은 감기약을 반드시 먹는다]

→ _____.

기본 문법 2 【 -(아/어)도 되다 】

> 가. 현금지급기에서 돈을 찾아도 된다.
>
> 나. 두통약을 먹어도 된다.

연습 1 보기처럼 빈칸에 '-(아/어)도 되다'를 넣어서 문장을 만드세요.

> <보기> 현금 지급기에서 돈을 찾는다.   [찾다]
>
> → 현금 지급기에서 돈을 찾아도 된다.

① [옷장 안의 옷을 입다]

→ _____.

② [내일부터는 병원에 안 가다]

→ _____.

③ [오늘은 텔레비전을 보다]

→ _____.

④ [저 미용실에서 머리를 깎다]

→ _____.

기본 문법 3 【 -(으)면 】

> 가. 현금지급기를 사용하면 편리합니다.
>
> 나. 밥을 많이 먹으면 배가 아프다.

연습 1   보기처럼 '-(으)면'을 사용하여 두 문장을 이어 보세요.

> <보기> [현금지급기를 사용하다] + [현금지급기가 편리하다]
>   → 현금지급기를 사용하면 편리합니다.

① [꾸준히 운동하다] + [운동은 건강에 좋다]

   → _____.

② [구름이 끼다] + [비가 온다]

   → _____.

③ [라디오를 켜다] + [음악이 나온다]

   → _____.

④ [겨울이 되다] + [날씨가 추워진다]

   → _____.

기본 문법 4 〉 【 -(으)ㄹ 】

> 가. 철수는 찾을 금액을 선택합니다.
> 나. 사과를 살 사람이 많다.

연습 1   두 문장을 보기처럼 이어서 하나의 문장으로 만들어 보세요.

> <보기 1> [철수는 <u>금액을 찾다</u>] + [철수는 그 <u>금액</u>을 선택한다]
>
>
> [찾- + -을]
>
>   → 철수는 [찾- + -을] 금액을 선택한다.
>   → 철수는 찾을 금액을 선택한다.

<보기 2>   [사람이 <u>사과를 사다</u>]   +   [그 <u>사람</u>이 많다]

[사과를 사- + -ㄹ]

→ 사과를 [사- + -ㄹ] 사람이 많다.

→ 사과를 살 사람이 많다.

① [진주 씨는 <u>저녁에 **빵**을 먹다</u>] + [진주 씨는 그 **빵**을 준비했다]

→ 진주 씨는 저녁에 _____ 빵을 준비했다.

② [미연 씨는 <u>친구에게 선물을 주다</u>] + [미연 씨는 그 선물을 사러 갔다]

→ 미연 씨는 친구에게 _____ 선물을 사러 갔다.

③ [지연 씨는 <u>친구와 함께 공부하다</u>] + [지연 씨는 그 친구를 만났다]

→ 지연 씨는 함께 _____ 친구를 만났다.

④ [<u>학생이 내년에 미국에서 공부하다</u>] + [우리는 그 학생을 찾는다]

→ 우리는 내년에 미국에서 _____ 학생을 찾는다.

연습 2   빈칸에 보기처럼 '-(으)ㄹ'을 넣어서 문장을 만드세요.

<보기> 영호 씨는 아버지에게 _____ 돈을 다 썼다.   [주다]

→ 영호 씨는 아버지에게 줄 돈을 이미 다 썼다.

① 인수 씨는 내일 _____ 책을 골랐다.   [읽다]

② 우리가 저녁에 _____ 음식을 아이들이 다 먹었다.   [먹다]

③ 나는 집에서 _____ 숙제를 학교에서 했다.   [하다]

④ 미령 씨는 여름에 _____ 수영복을 백화점에서 샀다.   [입다]

내용 학습

연습 1   '기본 읽기'를 읽고 물음에 답하세요.

① 진주 씨는 왜 은행에 갔습니까?

답 : _____.

② 은행에서 돈을 찾는 두 가지 방법은 무엇입니까?

답 : _____.

③ 예금청구서에 무엇을 기록해야 합니까?

답 : _____.

연습 2   '기본 읽기'의 내용과 같은 것에는 '○'를, 다른 것에는 '×'를 표시하세요.

① 현금지급기에 신청인의 이름을 눌러야 돈이 나온다. ------------- [   ]

② 돈을 찾을 때 현금지급기를 사용하면 매우 편리하다. ------------[   ]

③ 현금지급기를 이용하려면 현금카드를 만들어야 한다. ------------ [   ]

④ 예금청구서는 창구에서 작성합니다.-------------------------------------[   ]

연습 3   현금지급기로 돈을 찾을 때의 순서대로 번호를 배열하세요.

① 비밀번호를 누른다.

② 현금 지급기에 카드를 넣는다.

③ 출금 버튼을 누르고 찾을 금액을 선택한다.

④ 현금카드나 신용카드를 만든다.

[   ] → [   ] → [   ] → [   ]

응 용 글

외국에 가려면 한국 돈을 외국 돈으로 바꾸어야 합니다. 만일 한국 돈을 외국 돈으로 환전하려면 먼저 환율을 확인해야 합니다.

오늘은 미화 환율이 많이 올랐습니다. 오늘의 미화 환율이 1195.86이기 때문에 미국 돈 1달러는 한국 돈 1,195원입니다. 1달러를 바꾸려면 한국 돈 1,200원이 필요합니다.

오늘의 엔화 환율은 어제보다 많이 내렸습니다. 엔화 환율이 10이기 때문에 일본 돈 1엔은 한국 돈 10원과 같습니다. 1,000엔을 바꾸려면 한국 돈 10,000원이 필요합니다.

여러분도 은행에 가서 여러분 나라의 돈을 한국 돈으로 바꾸어 보세요.

응용 어휘

- 외국 : a foreign country 外国
- 환율 : exchange rate 換率
- 엔화 : Japanese money 日元
- 바꾸다 : exchange (of money) 換
- 만일 : if 万一
- 확인하다 : check 确认
- 필요하다 : need 需要
- 같다 : be equivalent to ~ 一样

- 미화 : American currency / the U.S dollar 美元
- 달러 : dollar 美金
- 여러분 : you 各位
- 많이 : a lot 很多
- 환전하다 : exchange (of money) 換钱
- 오르다 : raise 上升
- 내리다 : fall / go down 降

응용 발음

- 한국 돈   [한국 똔 :]
- 필요합니다 [피료함니다]

- 환율 [화 : 늘]

 응용 문법

응용 문법 1 【 -(으)려면 】

> 가. 돈을 바꾸려면 환율을 확인해야 합니다.
>
> 나. 만일 영화를 보려면 입장권을 예매해야 합니다.

연습 1   보기처럼 빈칸에 '-(으)려면'을 넣어서 문장을 이어 보세요.

> <보기> [돈을 바꾸다] + [환율을 확인해야 합니다]
>
>   → 돈을 바꾸려면 환율을 확인해야 합니다.

① [외국에 나가다] + [비자를 준비해야 한다]

   → _____.

② [한국에서 공부하다] + [먼저 한국어를 배워야 한다]

   → _____.

③ [서울에서 생활하다] + [돈이 많이 든다]

   → _____.

④ [한국 음식을 먹다] + [숟가락이나 젓가락을 사용해야 한다]

   → _____.

⑤ [돈을 많이 벌다] + [열심히 일을 해야 합니다]

   → _____.

연습 2 보기처럼 빈칸에 '만일'과 '-(으)려면'을 넣어서 문장을 이어 보세요.

> <보기> [영화를 보다] + [입장권을 예매해야 한다]
>
>   → 만일 영화를 보려면 입장권을 예매해야 한다.

① [버스를 타다] + [요금을 내어야 한다]

  → _____.

② [서면에서 해운대에 가다] + [지하철을 타야 합니다]

  → _____.

③ [편지를 쓰다] + [편지지와 편지봉투가 필요합니다]

  → _____.

응용 문법 2 【 -보다 】

> 가. 환율은 어제보다 많이 내렸습니다.
> 나. 인수는 영수보다 키가 크다.

연습 1 보기처럼 빈칸에 '-보다'를 넣어서 문장을 만드세요.

> <보기> 환율은 어제_____ 많이 내렸습니다.
>
>   → 환율은 어제보다 많이 내렸습니다.

① 올해는 작년_____ 날씨가 춥다.

② 형은 동생_____ 나이가 많다.

③ 시장이 백화점_____ 물건이 싸다.

④ 리에 씨는 비빔밥_____ 불고기를 더 좋아한다.

⑤ 야구는 중국 사람_____ 한국 사람이 더 많이 봅니다.

연습 2 보기처럼 빈칸에 '-보다'를 넣어 문장을 만드세요.

> <보기> [철수〉영수, 키가 크다 / 작다]
>
> → 철수는 영수보다 키가 크다.
>
> → 영수는 철수보다 키가 작다.

① [배 〉사과, 값이 비싸다 / 싸다]

→ _____.

→ _____.

② [비행기 〉기차, 빠르다 / 느리다]

→ _____.

→ _____.

③ [백두산 〉한라산, 높다 / 낮다]

→ _____.

→ _____.

④ [인호 씨 〉미령 씨, 돈이 많다 / 적다]

→ _____.

→ _____.

응용 문법 3 【 -(으)세요 】

> 가. 일본 돈을 한국 돈으로 바꾸세요.
>
> 나. 일본 돈을 한국 돈으로 바꾸어 보세요.

연습 1   빈칸에 보기처럼 '-(으)세요'를 넣어 문장을 만드세요.

> <보기> [일본 돈을 한국 돈으로 바꾸다]
>
> → 일본 돈을 한국 돈으로 바꾸세요.
>
> → 일본 돈을 한국 돈으로 바꾸어 보세요.

① [건강을 위해 매일 운동하다]

    → _____.

    → _____.

② [침대에서 잠을 자다]

    → _____.

    → _____.

③ [제 손을 꼭 잡다]

    → _____.

    → _____.

④ [빨리 전화를 받다]

    → _____.

    → _____.

 **내용 학습**

연습 1   응용 글을 읽고 다음 물음에 답하세요.

① 외국 돈을 한국 돈으로 바꾸려면 어디로 가야 하나요?

답 : _____.

② 한국 돈을 외국 돈으로 바꾸려면 먼저 무엇을 해야 하나요?

답 : _____.

연습 2   다음의 문장이 응용 글의 내용과 같으면 'O'를 표시하고, 다르면 '×'를 표시하세요.

① 오늘은 미화 환율이 조금 올랐습니다. -------------------------------[   ]

② 1달러를 한국 돈으로 바꾸려면 1,100원이 필요합니다. -------------[   ]

③ 일본 돈 10엔은 한국 돈 100원과 같습니다. --------------------------[   ]

④ 오늘은 엔화 환율이 내렸습니다. --[   ]

연습 3   미국 돈과 일본 돈을 한국 돈으로 바꾸려고 합니다. 응용 글에 나타난 환율을 참조해서 한국 돈으로 얼마가 되는지 적어 보세요.

미국 돈	한국 돈	일본 돈	한국 돈
2달러	(원)	130엔	(원)
3달러	(원)	300엔	(원)

풀어 보기

풀어 보기 1

문제 1 다음 빈칸에 보기처럼 '-(아/어)야 하다'를 넣어서 문장을 만드세요.

> <보기> 요즈음은 시험 기간이기 때문에 _____. [공부하다]
>
> → 요즈음은 시험 기간이기 때문에 **공부해야 한다.**

① 진주 씨는 내일 연극을 _____. [보다]

② 배구 선수가 되려면 키가 _____. [크다]

③ 나는 반드시 아침을 _____. [먹다]

④ 내일은 쓰레기를 모두 _____. [버리다]

문제 2 보기처럼 '-(아/어)도 되다'를 넣어서 문장을 만드세요.

> <보기> 아침 신문을 먼저 _____. [보다]
>
> → 아침 신문을 먼저 **보아도 된다.**

① 지금은 일이 없으니까 일찍 _____. [퇴근하다]

② 그 종이는 쓰레기통에 _____. [버리다]

③ 비가 오니까 운동을 안 _____. [하다]

④ 집에 거의 다 왔으니까 천천히 _____. [걷다]

⑤ 음식이 많으니까 마음껏 _____. [먹다]

문제 3   보기처럼 '-아/어 보세요'를 넣어서 문장을 만드세요.

> <보기> 케이크를 한 조각 _____. [먹다]
>
> → 케이크를 한 조각 **먹어 보세요.**

① 시장에서 과일 값을 _____. [깎다]

② 여름에는 부산에서 _____. [지내다]

③ 이번에 한국어를 열심히 _____. [공부하다]

④ 이번 방학 때는 친구에게 편지를 _____. [쓰다]

⑤ 주말에 금정산에 한번 _____. [올라가다]

풀어 보기 2

문제 1   보기처럼 '-(으)면'을 넣어 문장을 만드세요.

> <보기> 내일 눈이 _____ 테니스를 못 친다. [내리다]
>
> → 내일 눈이 **내리면** 테니스를 못 친다.

① 거리가 _____ 자동차를 타고 가자.   [멀다]

② 돈이 많이 _____ 컴퓨터를 산다.   [있다]

③ 음식이 _____ 식당에 손님이 많다.   [맛있다]

④ 배가 _____ 밥을 많이 먹어야 한다.   [고프다]

⑤ 산이 _____ 골짜기가 깊다.   [높다]

문제 2　보기처럼 '-(으)려면'을 넣어 문장을 만드세요.

> <보기> 중국에 _____ 먼저 중국어를 배워요. [가다]
> → 중국에 **가려면** 먼저 중국어를 배우세요.

① 고양이를 _____ 고양이 집을 마련하세요.　[기르다]

② 서울에서 _____ 집부터 마련하세요.　　[지내다]

③ 대학에 _____ 매일 열심히 공부해야 한다. [입학하다]

④ 사진을 _____ 카메라를 준비해야 합니다.　[찍다]

⑤ 사자를 _____ 동물원에 가십시오.　　[구경하다]

⑥ 공부를 잘 _____ 책을 많이 읽으세요.　　[하다]

문제 3　보기처럼 빈칸에 '-(으)ㄹ'을 넣어서 문장을 만드세요.

> <보기> 나는 운동회 때 _____ 음식을 많이 준비했다. [먹다]
> → 나는 운동회 때 **먹을** 음식을 많이 준비했다.

① 철수 씨는 일을 _____ 사람을 만났다.　　[도와주다]

② 나는 함께 _____ 친구를 찾고 있다.　　[일하다]

③ 어머니는 내가 _____ 용돈을 미리 주셨다.　[쓰다]

④ 여행 중에 _____ 호텔을 예약해야 한다.　[묵다]

⑤ 점심을 _____ 분은 식당으로 오세요.　[드시다]

⑥ 철수 씨는 지금 돈을 _____ 은행을 찾고 있다. [맡기다]

풀어 보기 3

문제   아래의 문장의 빈칸에 들어갈 알맞은 말을 <보기>에서 찾아서 넣으세요.

<보기> • -(으)로   • -(으)면   • -보다   • -(으)려면

① 다나카 씨는 1000엔을 10,000원_____ 바꿉니다.

② 제인 씨는 스미스 씨_____ 한국어를 더 잘합니다.

③ 첫눈이 오_____ 그와 만나기로 했습니다.   [오다]

④ 키가 크_____ 우유를 많이 먹어야 해요.   [크다]

⑤ 천 원짜리 지폐를 동전_____ 교환해 주세요.

⑥ 한국어 선생님이 되_____ 한국어를 공부하세요. [되다]

⑦ 루이 씨_____ 스즈키 씨가 목소리가 큽니다.

⑧ 중국에 가_____ 중국 음식을 많이 먹겠어요.   [가다]

풀어 보기 4

문제   다음 표현을 소리나는 대로 적으세요.

① 환율   [   ]   ② 현금지급기 [   ]

③ 신청인의 [   ]   ④ 넣습니다   [   ]

더 배우기

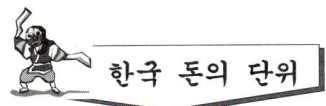 한국 돈의 단위

10원	[십 원]
100원	[백 원]
1,000원	[천 원]
10,000원	[만 원]
100,000원	[십만 원]
1,000,000원	[백만 원]
10,000,000원	[천만 원]
100,000,000원	[일억 원]

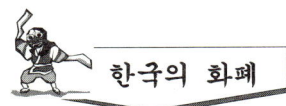 한국의 화폐

- 십 원짜리 주화
- 백 원짜리 주화
- 천 원권 지폐
- 만 원권 지폐

- 오십 원짜리 주화
- 오백 원짜리 주화
- 오천 원권 지폐
- 오만 원권 지폐

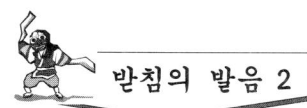
받침의 발음 2

규칙 1: 받침소리로는 /ㄱ, ㄴ, ㄷ, ㄹ, ㅁ, ㅂ, ㅇ/의 7개 자음만 발음한다.

---

① /ㄱ/ : 국[국], 먹[먹], 속[속]　　② /ㄴ/ : 간[간], 돈[돈], 산[산]

③ /ㄷ/ : 곧[곧], 숟[숟], 받[받]　　④ /ㄹ/ : 달[달], 말[말], 알[알]

⑤ /ㅁ/ : 감[감], 밤[밤], 솜[솜]　　⑥ /ㅂ/ : 갑[갑], 겁[겁], 밥[밥]

⑦ /ㅇ/ : 강[강], 망[망], 방[방]

규칙 2: /ㄱ, ㄴ, ㄷ, ㄹ, ㅁ, ㅂ, ㅇ/ 이외의 받침소리는 단어의 끝 또는 자음
　　　　앞에서 위 7개 중의 하나로 변하여 발음된다.

---

① /ㄲ, ㅋ/ → /ㄱ/

　• 밖 [박]　　　　　　　　　• 밖 + 도 [박또]

　• 부엌 [부억]　　　　　　　• 부엌 + 도 [부억또]

② /ㅍ/ → /ㅂ/

　• 잎 [입]　　　　　　　　　• 잎 + 도 [입또]

③ /ㅅ, ㅆ, ㅈ, ㅊ, ㅌ/ → /ㄷ/

　• 옷 [옫]　　　　　　　　　• 옷 + 도 [옫또]

　• 있 + 고 [읻꼬]　　　　　　• 있 + 지 [읻찌]

　• 낮 [낟]　　　　　　　　　• 낮 + 까지 [낟까지]

　• 꽃 [꼳]　　　　　　　　　• 꽃 + 도 [꼳또]

　• 바깥 [바깓]　　　　　　　• 바깥 + 도　 [바깓또]

3. 편지를 부치기 위해 우체국에 갔다.

─── [학습목표] ───

○ 우체국에서 편지나 소포를 부칠 수 있다.

○ 우체국을 이용하는 데에 필요한 어휘를 익힌다.

○ 다음의 문장에 나타난 문법 사항을 이해할 수 있다.

• 편지를 부치고 싶어요.   • 편지를 부치는 방법을 물었다.

• 한국에 온 지 일 년이다.   • 예쁜 보자기로 한복을 포장했다.

• 한복이 구겨지기 쉽다.   • 나는 소포 상자에 이름도 썼다

• 편지를 부치기 위해서 우체국으로 갔다.

기 본 글

내가 강원도에서 부산에 온 지 벌써 일 년이 지났다.

나는 고향의 부모님께 안부를 전하고 싶어서 사무실에서 편지를 썼다. 편지를 다 쓰고 나서 편지지를 편지봉투에 넣고 주소와 우편번호를 적었다.

나는 편지를 부치기 위해서 우체국으로 갔다. 우체국의 직원에게 편지를 부치는 방법을 물으니 직원은 친절하게 설명해 주었다. 우편에는 배달 시간에 따라서 '특급우편'과 '보통우편'이 있다고 했다. '특급우편'은 '보통우편'보다 요금이 비싸지만 배달 시간이 덜 걸린다고 했다.

나는 부모님께 소식을 빨리 전하고 싶어서, 비록 요금은 비쌌지만 '특급우편'으로 편지를 보냈다.

기본 어휘

- 고향 : hometown 故乡
- 안부 : saying hello 问候
- 편지 : letter 信
- 편지봉투 : envelope 信封
- 우편번호 : zip code 邮编
- 방법 : way 方法
- 특급우편 : express mail 特快邮件
- 요금 : fare 费用
- 소식 : news 消息
- 적다 : write 写下
- 부치다 : send 邮寄
- 묻다 : ask 问
- 설명하다 : explain 说明
- 걸리다 : it takes 花(时间)
- 비록 : although 虽然

- 부모님 : parent 父母
- 사무실 : office 办公室
- 편지지 : paper 信纸
- 주소 : address 地址
- 우체국 : post office 邮局
- 우편 : mail 邮件
- 보통우편 : regular mail 平信
- 배달 : delivery 投递, 送
- 전하다 : deliver 转达
- 위하다 : for 为了
- 지나다 : pass by 经过
- 친절하다 : (be) kind 亲切
- 비싸다 : be expensive 贵
- 덜 : less 少

기본 발음

- 직원에게   [지궈네게]
- 비쌌지만   [비쌀찌만 / 비싸찌만]

- 대답해   [대다패]

 **기본 문법**

기본 문법 1 【 -는 ; -(으)ㄴ 】

> 가. 나는 편지를 부치는 방법을 직원에게 물었다.
>
> 나. 숙제를 다한 사람은 집에 가세요.

연습 1 다음 빈칸에 보기처럼 '-는'을 넣어서 한 문장으로 만드세요.

> <보기> [편지를 부치다] + [나는 그 방법을 직원에게 물었다]
>
> [부치- + -는]
>
> → 나는 편지를 부치는 방법을 직원에게 물었다.

① [학생이 한국어를 잘하다] + [우리는 그 학생을 찾고 있다]

  → 우리는 한국어를 _____ 학생을 찾고 있다.

② [사람이 동생을 때리다] + [그 사람은 나쁘다]

  → 동생을 _____ 사람은 나쁘다.

③ [아이가 혼자서 공부하다] + [나는 그 아이의 이름을 모른다]

  → 나는 혼자서 _____ 아이의 이름을 모른다.

연습 2 다음 빈칸에 보기처럼 '-(으)ㄴ'을 넣어서 한 문장으로 만드세요.

> <보기> [숙제를 다하다] + [그 사람은 집에 가세요]
>
> [다하- + -ㄴ]
>
> → 숙제를 다한 사람은 집에 가세요.

① [사람이 <u>금강산에 다녀왔다</u>] + [나는 그 사람을 어제 만났다]

  → 나는 금강산에 _____ 사람을 어제 만났다.

② [나뭇잎이 <u>땅에 떨어졌다</u>] + [영희 씨는 그 나뭇잎을 주웠다]

  → 영희 씨는 땅에 _____ 나뭇잎을 주웠다.

③ [<u>미연 씨가</u> 김밥을 <u>만들었다</u>] + [나도 그 김밥을 먹고 싶다]

  → 나도 미연 씨가 _____ 김밥을 먹고 싶다.

기본 문법 2 【 -(으)ㄴ 지 】

가. 내가 부산에 온 지 일 년이 지났다.
나. 우유를 먹은 지 한 시간이 지났다.

연습 1 보기처럼 다음 빈칸에 '-(으)ㄴ 지'를 넣어서 문장을 만드세요.

<보기> [내가 부산에 오다] + [일 년이 지났다]

  → 내가 부산에 온 지 일 년이 지났다.

① [기차가 떠나다] + [오 분이 지났다]

  → _____.

② [친구의 편지를 받다] + [삼 년이 되었다]

  → _____.

③ [아이를 잃어버리다] + [한 시간이 지났다]

  → _____.

④ [민균 씨가 병원에 입원하다] + [1달이 지났다]

→ _____.

⑤ [내가 이 동네에 이사 오다] + [벌써 10년이 흘렀다]

→ _____.

⑥ [철수 씨가 우리 회사에 들어오다] + [만 2년이 되었다]

→ _____.

기본 문법 3 【 -고 싶다 】

가. 부모님께 안부를 전하고 싶다.

나. 한국 노래를 부르고 싶다.

연습 1 빈칸에 보기처럼 '-고 싶다'를 넣어서 문장을 만드세요.

<보기> [부모님께 안부를 전하다]

→ 부모님께 안부를 전하고 싶다.

① [음악회에서 한국 음악을 듣다]

→ _____.

② [나는 저녁에 비빔밥을 먹다]

→ _____.

③ [저는 민우 씨와 일본 영화를 보다]

→ _____.

④ [오늘부터 중국어를 열심히 배우다]

→ _____.

⑤ [이번 방학에는 경주 불국사에 가다]

→ _____.

기본 문법 4 【 -기 위해서 】

가. 편지를 부치기 **위해서** 우체국으로 갔다.

나. 책을 읽기 **위해서** 도서관으로 갔다.

연습   보기처럼 '-기 위해서'를 넣어서 두 문장을 이어 보세요.

<보기> [편지를 부치다] + [우체국으로 갔다]

→ 편지를 부치기 **위해서** 우체국으로 갔다.

① [점심을 먹다] + [식당으로 갔다]

→ _____.

② [테니스를 치다] + [운동복을 입었다]

→ _____.

③ [제주도에 여행하다] + [비행기 표를 산다]

→ _____.

④ [미국에 유학하다] + [영어 회화를 열심히 배운다]

→ _____.

연습 1   기본 글을 읽고 다음의 물음에 답하세요.

① 내가 부산에 온 지 얼마나 되었습니까?

답 : _____

② 편지를 부치기 위해서 편지봉투에 무엇을 적어야 합니까?

답 : _____

연습 2   다음 문장에서 기본 글의 내용과 다른 부분을 찾아서 바르게 고치세요.

① 나는 고향의 친구에게 편지를 썼다.

→ _____.

② 나는 빠른우편으로 편지를 보냈다.

→ _____.

③ '특급우편'은 '보통 우편'보다 요금이 싸다.

→ _____.

응 용 글

나는 동생에게 주려고 백화점에서 생활한복을 한 벌 샀다. 집으로 돌아와서 색깔이 예쁜 보자기로 한복을 포장했다.

나는 동생에게 한복을 부치기 위해서 우체국에 들렀다. 우체국 직원은 한복을 보자기로 싸면 구겨지기 쉽다고 했다. 소포를 포장하는 데로 가 보니, 포장대 위에는 가위, 종이, 끈, 상자 등이 있었다.

나는 소포 상자에 한복을 넣고 나서, 받는 사람의 주소와 이름과 우편번호를 썼다. 그리고 보내는 사람의 주소, 이름, 우편번호도 적었다.

소포 요금은 무게나 도착지에 따라 달랐다. 나는 소포를 등기우편으로 부치고 우체국 직원에게서 영수증을 받았다.

응용 어휘

- 한복: Korean costume 韩服
- 거실: Living room 客厅
- ~ 데: ~ place ~的地方
- 가위: scissors 剪刀
- 상자: box 箱子
- 영수증: receipt 收据
- 도착지: destination 目的地
- 예쁘다: be pretty 漂亮
- 들르다: stopped by ~ 顺便去
- 구겨지다: get wrinkled 形成皱纹
- 따르다: depends on ~ 依照

- 생활한복: Korean costume for living 生活韩服
- 보자기: wrapping cloth 包袱
- 포장대: packing table 包装台
- 끈: string 绳子
- 등기우편: registered mail 挂号信
- 무게: weight 重量
- 돌아오다: return 回来
- 포장하다: pack 包装
- 싸다: pack 包(动词)
- 쉽다: easy 容易

응용 발음

- 쉽다고 [쉽따고]
- 받았다 [바닫따/바다따]

- 넣고 [너코]

 응용 문법

응용 문법 1 \ 【 -(으)ㄴ 】

> 가. 나는 색깔이 예쁜 보자기로 한복을 포장했다.
>
> 나. 이 옷은 키가 작은 사람에게 맞지 않는다.

연습 1 보기처럼 빈칸에 알맞은 말을 넣어서 두 문장을 이으세요.

> <보기> [보자기가 <u>색깔이 예쁘다</u>] + [나는 그 보자기로 한복을 포장했다]
>
> [예쁘- + -ㄴ]
>
> → 나는 색깔이 **예쁜** 보자기로 한복을 포장했다.

① [하늘이 <u>푸르다</u>] + [철수 씨는 그 하늘을 바라보았다]

→ 철수 씨는 _____ 하늘을 바라보았다.

② [감이 <u>붉다</u>] + [나뭇가지에 그 감이 주렁주렁 열렸다]

→ 나뭇가지에 _____ 감이 주렁주렁 열렸다.

③ [기린이 <u>목이 길다</u>] + [그 기린이 들판에 많이 모여 있다]

→ _____ 기린이 들판에 많이 모여 있다.

④ [사람이 <u>몸이 뚱뚱하다</u>] + [그 사람은 운동을 열심히 해야 한다]

→ _____ 사람은 운동을 열심히 해야 한다.

⑤ [모자가 <u>따뜻하다</u>] + [철수 씨는 그 모자를 쓰고 있다]

→ 철수 씨는 _____ 모자를 쓰고 있다.

응용 문법 2 【 -기 쉽다/어렵다 】

> 가. 한복이 구겨지기 쉽다.
>
> 나. 쇠는 자르기 어렵다.

연습 보기처럼 빈칸에 알맞은 말을 넣어서 문장을 만드세요.

> <보기 1> 한복이 _____ 쉽다.   [구겨지다]
>
>   → 한복이 구겨지기 쉽다.
>
> <보기 2> 쇠는 _____ 어렵다.   [자르다]
>
>   → 쇠는 자르기 어렵다.

① 실은 _____ 쉽다.   [끊어지다]

② 겨울에는 눈길에서 _____ 쉽다.   [넘어지다]

③ 이 짐은 무거워서 _____ 어렵다.   [들다]

④ 이 빵은 너무 커서 _____ 어렵다.   [먹다]

응용 문법 3 【 -도 】

> 가. 나는 소포 상자에 이름도 썼다.
>
> 나. 나도 영희를 대단히 좋아한다.

연습 빈칸에 보기처럼 '-도'를 넣어서 문장을 만드세요.

> <보기> [어머니가 소포 상자에 이름을 썼다]
>
>   → 어머니도 소포 상자에 이름을 썼다.
>
>   → 어머니가 소포 상자에도 이름을 썼다.

> → 어머니가 소포상자에 이름도 썼다.

① [철수 씨가 교실에서 밥을 먹었다]

  → 철수 씨_____ 교실에서 밥을 먹었다.

  → 철수 씨가 교실에서_____ 밥을 먹었다.

  → 철수 씨가 교실에서 밥_____ 먹었다.

② [영희가 집에서 책을 읽는다]

  → 영희_____ 집에서 책을 읽는다.

  → 영희가 집에서_____ 책을 읽는다.

  → 영희가 집에서 책_____ 읽는다.

③ [오늘 저녁에 국수를 먹을까요]

  → 오늘_____ 저녁에 국수를 먹을까요?

  → 오늘 저녁에_____ 국수를 먹을까요?

  → 오늘 저녁에 국수_____ 먹을까요?

④ [사람은 죽어서 이름을 남긴다]

  → 사람_____ 죽어서 이름을 남긴다.

  → 사람은 죽어서_____ 이름을 남긴다.

  → 사람은 죽어서 이름_____ 남긴다.

내용 학습

연습 1 응용 글을 읽고 다음 물음에 답하세요.

① '나'는 우체국에 왜 갔습니까?

답 : _____.

② 소포의 요금은 어떻게 정합니까?

답 : _____.

③ '나'는 소포 상자에 무엇을 적었습니까?

답 : _____.

④ 포장대 위에는 어떤 물건이 있었습니까?

답 : _____.

연습 2 다음 문장이 응용 글의 내용과 같으면 '○'를 표시하고, 다르면 '×'를 표시 하세요.

① '나'는 동생에게 편지를 부치려고 우체국에 들렀다.--------- ----[   ]

② '나'는 소포를 등기우편으로 보내고 영수증을 받았다.---------[   ]

③ 우체국 직원은 한복을 종이로 싸면 구겨지기 쉽다고 했다.---[   ]

풀어 보기

풀어 보기 1

문제 1 보기처럼 괄호 속의 동사에 '-는'을 붙여서 문장을 만드세요.

> <보기> 식당 안에는 책을 _____ 사람이 많다.   [읽다]
>
> → 식당 안에는 책을 읽는 사람이 많다.

① 잠을 _____ 사람은 모두 다 깨워라.   [자다]

② 나는 철수 씨가 _____ 그림을 좋아한다   [그리다]

③ 지금 저기서 _____ 학생이 김길동 씨다. [뛰어오다]

문제 2 보기처럼 괄호 속의 동사에 '-(으)ㄴ'을 붙여서 문장을 만드세요.

> <보기> 우리가 점심때 _____ 음식은 김밥이다. [먹다]
>
> → 우리가 점심때 먹은 음식이 김밥이다.

① 이것은 김 선생님이 _____ 책이다.   [짓다]

② 인호 씨는 아들이 _____ 공을 잡았다. [던지다]

③ 오빠는 여동생이 _____ 빵을 먹었다.   [굽다]

문제 3 보기처럼 괄호 속의 형용사에 '-(으)ㄴ'을 붙여서 문장을 만드세요.

> <보기> 아버지는 _____ 색깔을 좋아한다.   [푸르다]
>
> → 아버지는 푸른 색깔을 좋아한다.

① 김 선생님은 _____ 음식을 매우 좋아한다. [맵다]

② 몸이 _____ 사람들은 병원에 가야 한다.   [아프다]

③ 허남식 씨가 _____ 짐을 들고 오셨다.   [작다]

문제 4   보기처럼 괄호 속의 말에 '-(으)ㄴ 지'를 넣어서 문장을 만드세요.

> <보기> 그 사람과 _____ 일 년이 지났다.[헤어지다]
>
>   → 그 사람과 헤어진 지 일 년이 지났다.

① 명숙 씨가 마을에 _____ 세 달이 지났다. [오다]

② 조카가 _____ 일 년이 되었다.   [태어나다]

③ 그녀가 _____ 십 년이 지났다.   [결혼하다]

풀어 보기 2

문제 1   다음의 문장에 '-고 싶다'를 넣어서 문장을 만드세요.

① 다음 주에는 한국 영화를 _____.   [보다]

② 남자 친구한테서 선물을 _____.   [받다]

③ 자갈치 시장에서 회를 _____.   [먹다]

④ 저는 백화점에서 장갑을 _____.   [사다]

문제 2   다음의 문장에 '-기 어렵다'와 '-기 쉽다'를 넣어서 문장을 만드세요.

① 나는 돈이 없다.

   → 새 구두를 _____.   [사다]

② 약이 너무 쓰다.

   → 이 약을 _____.　　　[먹다]

③ 가방이 가볍다.

   → 이 가방을 _____.　　　[들다]

④ 교통이 복잡하다.

   → 교통사고가 _____.　　　[나다]

문제 3　괄호 안의 동사에 '-기 위해서'를 넣어서 문장을 만드세요.

① 새 컴퓨터를 _____ 돈을 많이 모았다.　[사다]

② 감기약을 _____ 물을 마셨다.　　　[먹다]

③ 지하철을 _____ 승차권을 샀다.　　[타다]

④ 대학에 _____ 공부를 열심히 했다. [입학하다]

문제 4　보기처럼 글상자 속의 문장에 '-도'를 넣어서 문장을 만드세요.

<보기> 주인이 강아지를 때린다.

   → 주인도 강아지를 때린다.

   → 주인이 강아지도 때린다.

철수 씨가 이번 여름에 수영을 배운다.

① _____.

② _____.

③ _____.

풀어 보기 3

문제 1   아래의 편지 봉투를 보고 다음 질문에 답하세요.

보내는 사람 : 612-778

부산광역시 서구 동대신 3동 55-7 (3/1)

벼리아파트 100동 101호

김진주 보냄

우표

받는 사람 : 608-736

부산광역시 남구 대연3동 110-1번지

경성대학교 국어국문과

나찬연 교수 앞

---

① 누가 누구에게 편지를 보냈나요? _____.

② 진주 씨는 어디에 사나요? _____.

③ 경성대학교의 우편번호는 몇 번인가요? _____.

④ 경성대학교는 부산의 어느 동에 있나요? _____.

풀어 보기 4

문제   다음 표현을 소리나는 대로 적으세요.

① 쉽다고   [   ]   ② 대답해주다 [   ]

③ 비쌌지만 [   ]   ④ 넣고   [   ]

더 배우기

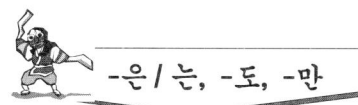

-은 / 는, -도, -만

---

(1) -은/는 (주제) : 귤은 맛이 대단히 시다.

　　　　(대조) : 인생은 길고 예술은 짧다.

(2) -도　　(더함) : 사과도 좋아하고, 배도 좋아한다.

　　　　　　　　영숙 씨도 열심히 일하고, 나도 열심히 일한다.

(3) -만　　(한정) : 나는 과일 중에서 사과만 좋아한다.

　　　　　　　　우리 반에서 철수만 상을 탄다.

 다음 빈칸에 공통적으로 들어갈 말을 <보기>에서 찾으세요.

<보기>　•나도 그래요.　　•나만 그래요　　•나는 그래요

---

① 갑 : 나는 포도를 좋아해요.

　을 : _____.

② 갑 : 나는 한국어가 어렵지만 재밌어요.

　을 : _____.

③ 갑 : 나는 한국 드라마를 자주 봐요.

　을 : _____.

겹받침의 발음 1

> **규칙** : 겹받침 'ㄳ, ㄵ, ㄼ, ㄽ, ㄾ, ㅄ'은 단어의 끝 또는 자음 앞에서 각각
> [ㄱ, ㄴ, ㄹ, ㅂ]으로 발음한다.

① /ㄳ/ → /ㄱ/ : 넋 [넉]   몫 [목]   넋도 [넉또]   몫과 [목꽈]

② /ㄵ/ → /ㄴ/ : 앉다 [안따]

③ /ㄼ/ → /ㄹ/ : 여덟 [여덜]   얇다 [얄따]   넓다 [널따]

④ /ㄽ/ → /ㄹ/ : 외곬 [외골]

⑤ /ㄾ/ → /ㄹ/ : 핥다 [할따]

⑥ /ㅄ/ → /ㅂ/ : 값 [갑]   없다 [업따]

> **다만**, '밟-'은 자음 앞에서 [밥]으로 발음하고, '넓-'은 다음과 같은 경우에
> [넙]으로 발음한다.

① **밟-** :

밟다 [밥 : 따]   밟소[밥 : 쏘]   밟지[밥 : 찌]

밟게[밥 : 께]   밟고 [밥 : 꼬]

② **넓-** :

넓죽하다[넙쭈카다]   넓둥글다[넙뚱글다]

4. 어젯밤부터 이가 많이 아팠다.

[학습목표]

○ 병원이나 약국을 이용할 수 있다.

○ 병원이나 약국 이용에 필요한 어휘를 익힌다.

○ 다음의 문장에 나타난 문법 사항을 이해할 수 있다.

- 일어나자마자 치과에 갔습니다.
- 잠시 기다리니 진료해 주었다.
- 의사가 치료하는데 대단히 아팠다.
- 찬 음식을 못 먹게 했다.
- 나는 찬 음식을 못 먹습니다.
- 약봉지에 글이 적혀 있었다.

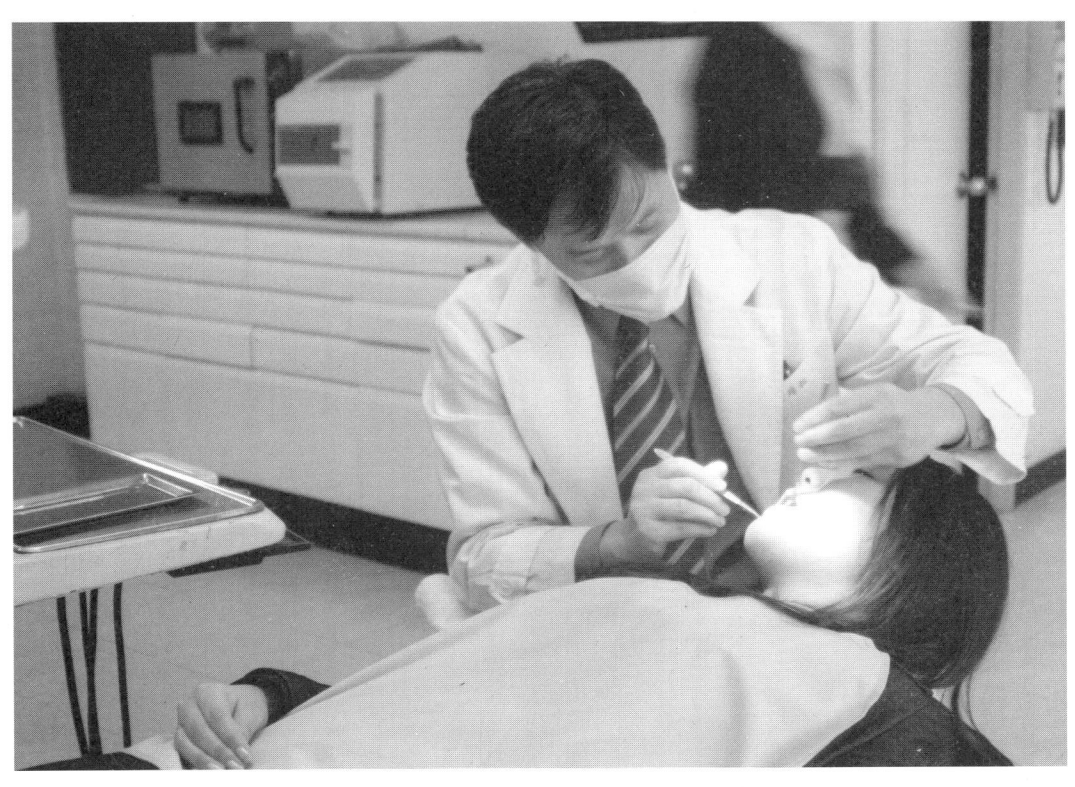

기 본 글

나는 어젯밤부터 이가 많이 아팠다. 그래서 진통제를 먹고 겨우 잠이 들었다.

아침이 되어 일어나자마자 나는 곧바로 치과에 갔다. 치과에 도착하자마자 곧장 접수대로 가서 건강보험증을 보여주고 진료 신청을 했다.

대기실에서 잠시 기다리니 간호사가 나에게 진료실로 들어오라고 했다. 나는 간호사를 따라 진료실로 들어가서 진료 의자에 누웠다. 의사 선생님이 들어와서 충치를 치료하였는데, 치료하는 동안에 아파서 혼이 났다.

나는 치료를 마치고 나서 진료비를 내고 처방전을 받았다. 나는 치과에서 나와서 약을 지으러 약국에 갔다.

🍭 기본 어휘

- 어젯밤 : last night 昨晚
- 진통제 : pain killer 止疼药
- 접수대 : reception desk 挂号台
- 건강보험증 : health insurance card 保险证
- 대기실 : waiting room 候诊室
- 진료실 : consultation room 诊疗室
- 치료 : treatment 治疗(名词)
- 동안 : while / period 期间
- 진료비 : doctor's fee 诊疗费
- 약 : medicine 药
- 짓다 : make 抓药
- 치료하다 : treat 治疗(动词)
- 마치다 : finish 结束
- 겨우 : hardly 好不容易

- 이 : tooth 牙齿
- 치과 : dentist's office 牙科
- 진료 : medical treatment 诊疗
- 신청 : register 申请
- 간호사 : nurse 护士
- 진료 의자 : an examination chair 诊疗椅
- 충치 : decayed tooth 蛀牙
- 약국 : pharmacy 药店
- 처방전 : prescription 处方单
- ~ 후 : after~ ~之后
- 아프다 : be sick / have a pain 疼
- 따르다 : go along with~ 依照
- 곧바로 : immediately 直接
- 혼이 나다 : have a hard time 受罪

🍭 기본

- 어젯밤 [어제빰]

- 진료 [질 : 료]

- 곧바로 [곧빠로]

 기본 문법

기본 문법 1 【 -자마자 】

가. 나는 일어나자마자 치과에 갔습니다.

나. 집에 오자마자 밥을 먹었다.

연습 1   보기처럼 '-자마자'를 넣어서 문장을 이어 보세요.

> <보기> [나는 일어났습니다] + [나는 치과에 갔습니다]
>
>   → 나는 일어나자마자 치과에 갔습니다.

① [나는 퇴근했다] + [나는 도서관으로 갔다]

  → _____.

② [다나카 씨는 부산에 도착했다] + [다나카 씨는 유엔 공원에 갔다]

  → _____.

③ [린다 씨는 어머니를 만났다] + [린다 씨는 눈물이 나왔다]

  → _____.

④ [영희 씨는 아침에 일어난다] + [영희 씨는 운동장에서 달리기를 한다]

  → _____.

⑤ [영희 씨는 도서관에 도착했다] + [영희 씨는 바로 공부를 시작했다]

  → _____.

연습 2　보기처럼 '-자마자'를 넣어서 한 문장으로 이으세요.

> <보기> 나는 집에 _____ 밥을 먹었다.　　[오다]
>
> 　　　→ 나는 집에 오자마자 밥을 먹었다.

① 고양이는 쥐를 _____ 쫓아간다.　　[발견하다]

② 미연 씨는 회사에 _____ 일을 합니다. [도착하다]

③ 찬호는 식당에 _____ 물을 마셨다. [들어오다]

④ 미연 씨는 우유를 _____ 다 토했다.　　[마시다]

기본 문법 2 【 -(으)니/-(으)니까 】

> 가. 잠시 기다리니 의사가 진료를 해 주었다.
>
> 나. 옷을 많이 입으니 따뜻하다.

연습　보기처럼 '-(으)니' 혹은 '-(으)니까'를 넣어서 한 문장으로 이으세요.

> <보기> [잠시 기다렸다] + [의사가 진료를 해 주었다]
>
> 　　→ 잠시 기다리니 의사가 진료해 주었다.
>
> 　　→ 잠시 기다리니까 의사가 진료해 주었다.

① [늦게 잔다] + [낮에도 잠이 온다]

　→ _____.

② [방을 매일 청소한다] + [방이 항상 깨끗하다]

　→ _____.

③ [고기를 많이 먹는다] + [체중이 늘었다]

→ _____.

④ [책을 오래 읽는다] + [눈이 아프다]

→ _____.

⑤ [비가 너무 많이 내린다] + [과일이 맛이 없다]

→ _____.

기본 문법 3 【 -는데/-(으)ㄴ데 】

가. 의사 선생님이 충치를 치료하는데 대단히 아팠다.

나. 철수는 키가 작은데 달리기는 잘 한다.

연습 1   보기처럼 '-는데'를 넣어서 한 문장으로 이으세요.

<보기> [의사 선생님이 충치를 치료했다] + [대단히 아팠다]

→ 의사 선생님이 충치를 치료하는데 대단히 아팠다.

① [도서관에서 공부했다] + [친구가 찾아왔다]

→ _____.

② [레스토랑에서 커피를 마셨다] + [커피가 맛이 없었다]

→ _____.

③ [가수가 노래를 불렀다] + [마이크가 고장났다]

→ _____.

④ [식당에서 밥을 먹었다] + [식당 안이 매우 시끄러웠다]

→ _____.

⑤ [주말에 금정산에서 등산을 했다] + [길이 매우 미끄러웠다]

→ _____.

연습 2   보기처럼 '-(으)ㄴ데'를 넣어서 한 문장으로 이으세요.

> <보기> [이 가방은 색깔은 좋다] + [이 가방은 너무 크다]
>   → 이 가방은 색깔은 좋은데 너무 크다.

① [오늘은 날씨가 맑다] + [오늘은 습도가 높다]

→ _____.

② [이 사과는 맛이 좋다] + [이 사과는 값이 너무 비싸다]

→ _____.

③ [새 옷을 사고 싶다] + [돈이 하나도 없다]

→ _____.

④ [불고기는 값은 비싸다] + [불고기는 맛은 좋다]

→ _____.

⑤ [이 자동차는 성능은 좋다] + [이 차는 디자인이 마음에 들지 않는다]

→ _____.

내용 학습

연습 1 기본 글을 읽고 다음 물음에 답하세요.

① '나'는 밤에 이가 아파서 어떻게 했나요?

답 : _____.

② 진료 신청을 할 때는 무엇을 보여줘야 하나요?

답 : _____.

연습 2 다음 문장이 기본 글의 내용과 같으면 '○'를, 다르면 '×'를 표시하세요.

① 나는 어젯밤부터 배가 많이 아팠다. ----------------------------------- [   ]

② 나는 아침에 일어나자마자 약국으로 갔다.---------------------------- [   ]

③ 간호사가 이를 치료하는 동안에 무척 아팠다.------------------------ [   ]

④ 나는 치과를 나와서 바로 집으로 돌아갔다. --------------------------[   ]

연습 3 병원에서 진찰 받을 때의 순서대로 번호를 배열하세요.

① 약국으로 가서 약을 산다.

② 진찰실에서 진찰을 받는다.

③ 대기실에서 대기한다.

④ 진료비를 계산하고 처방전을 받는다.

⑤ 접수대에서 진료를 신청한다.

[   ] → [   ] → [   ] → [   ] → [   ]

응 용 글

조민균 씨는 며칠 전부터 기침과 콧물이 나고 목이 따가웠다.

민균 씨는 동네에 있는 내과 의원에 가서 진찰을 받았다. 의사는 민균 씨를 진찰하고 나서 민균 씨가 감기에 걸렸다고 했다.

민균 씨는 병원에서 진찰을 받고 나서 약국에 갔다. 민균 씨는 약사에게 처방전을 보여 주었다. 약사는 약을 지으려고 처방전을 들고 조제실 안으로 들어갔다. 잠시 후 약사는 약봉투에 약 먹는 방법을 적어 주면서 찬 음식이나 술을 못 먹게 했다. 약국에서 받은 약봉투에는 '하루 3번 식후 30분에 한 첩씩'이라는 글이 적혀 있었다.

집으로 돌아온 민균 씨는 저녁을 먹고 나서 30분 후에 약 한 첩을 먹었다. 약 한 첩 안에는 알약 네 개와 가루약이 들어 있었다. 민균 씨는 감기약을 먹고 나서 평소보다 일찍 잠을 잤다.

응용 어휘

- 며칠 : a few days 几天
- 콧물 : snivel 鼻水
- 진찰 : medical examination 检查
- 의원 : hospital 医院
- 약사 : pharmacist 药剂师
- 잠시 : while 一会儿
- 식후 : after meals 饭后
- 글 : notice 字
- 알약 : a pill 药丸
- ~ 전 : before ~之前
- 첩 : wrapper of medicine 包(量词)
- 들어가다 : enter into 进去
- 보이다 : show 看得见
- 적히다 : be written 写着

- 기침 : cough 咳嗽
- 목 : neck 脖子
- 동네 : town 小区
- 조제실 : pharmaceutical preparation room 配药室
- 내과 : internal department of hospital 内科
- 술 : alcoholic drink 酒
- 약봉투 : medicine paper bag 药包
- 가루약 : powdered medicine 药粉
- 감기약 : cold medicine 感冒药
- 평소 : ordinary times 平时
- ~ 씩 : (two) times 每
- 따갑다 : prick 火辣辣
- 감기에 걸리다 : have a cold 患感冒

응용 발음

- 콧물 　　　　[콘물]
- 식후 　　　　[시쿠]
- 못 먹게 했다 [몬 먹께 핻따/해따]

- 적혀 [저켜]
- 알약 [알략]

 응용 문법

응용 문법 1 【 못 】

> 가. 민균 씨는 아직 술을 못 마신다.
>
> 나. 비가 오면 소풍을 가지 못합니다.

연습 1   보기처럼 빈칸에 '못'을 넣어서 문장을 만드세요.

> <보기> [민균 씨는 술을 마신다]
>   → 민균 씨는 술을 못 마신다.

① [우리는 내일 고향 집으로 떠납니다]

    → _____.

② [그녀는 부산역에서 남자 친구를 만났다]

    → _____.

③ [철수 씨는 매운 음식을 먹습니다]

    → _____.

연습 2   보기처럼 '–지 못하다'를 넣어서 문장을 만드세요.

> <보기> [인도에서는 사람들이 쇠고기를 먹는다]
>   → 인도에서는 사람들이 쇠고기를 먹지 못한다.

① [찬호 씨는 축구를 잘 한다]

    → _____.

② [미연 씨는 선영 씨를 잘 압니다]

→ _____.

③ [민우 씨는 중국어 신문을 읽는다]

→ _____.

응용 문법 2 【 A가 B에게 V-게 하다 】

가. 약사는 나에게 약을 먹게 했다.

나. 선생님께서 학생들에게 텔레비전을 보게 한다.

연습 1 보기처럼 빈칸에 '-게 하다'를 넣어 문장을 만드세요.

<보기 1> [약사] - [내가 약을 먹다] - [했다]

→ 약사는 나에게 약을 먹게 했다.

<보기 2> [선생님] - [학생이 텔레비전을 보다] - [한다]

→ 선생님께서 학생들에게 텔레비전을 보게 한다.

① [아버지] - [형이 집에서 공부하다] - [했다]

→ _____.

② [선생님] - [아이가 만화책을 읽다] - [했다]

→ _____.

③ [민수 씨] - [동생이 밥을 짓다] - [한다]

→ _____.

연습 2   보기처럼 빈칸을 채워서 문장을 완성하세요.

> <보기> 형은 _____에게 _____를 _____게 했다. [나, 뉴스, 보다]
>   → 형은 **나**에게 **뉴스**를 **보**게 했다.

① 어머니가 _____에게 _____을 _____게 했다. [동생, 빵, 만들다]

② 인수 씨가 _____에게 _____을 _____게 했다. [친구, 짐, 들다]

③ 영희 씨는 _____에게 _____을 _____게 한다. [아이, 물, 마시다]

응용 문법 3 \ 【 -아/어 있다 】

> 가. 약 봉지에는 글이 적혀 있었다.
>
> 나. 할머니가 의자에 앉아 있다.

연습   보기처럼 '-아/어 있다'를 넣어서 문장을 만드세요.

> <보기 1> [약봉지에는 글이 적히다]   <과거>
>   → 약봉지에는 글이 적혀 있었다.
>
> <보기 2> [할머니가 의자에 앉다]   <현재>
>   → 할머니가 의자에 앉아 있다.

① [어린이가 교실 앞에 서다]   <현재>

   → _____.

② [환자가 침대에 눕다]   <현재>

   → _____.

③ [배가 바다에 뜨다]   <과거>

 → _____.

④ [아름다운 꽃이 들판에 피다]   <과거>

 → _____.

내용 학습

연습 1 다음은 민균 씨가 약국에서 가져 온 약봉지이다. 응용 글의 내용에 따라
약봉지의 빈칸에 알맞은 내용을 넣으세요.

먹는 약

이   름 : 김민균 귀하

먹는 법 : 1일 _____ 회

식(전, 후) _____분마다 _____첩

2007년 3월 4일

한국 약국

연습 2 응용 글의 내용을 읽고 다음의 물음에 답하세요.

① 민균 씨는 어디에서 진찰을 받았습니까?

   답 : _____.

② 민균 씨는 약국에서 약사에게 무엇을 보여 주었습니까?

   답 : _____.

③ 민균 씨는 어디가 아픕니까?

   답 : _____.

④ 약 한 첩 안에는 무엇이 들어 있습니까?

   답 : _____.

연습 3 다음의 문장이 응용 글의 내용과 같으면 '○'를 표시하고, 다르면 '×'를 표시하세요.

① 민균 씨는 감기에 걸리자마자 약국으로 갔다. --------------------[   ]

② 약사는 민균 씨에게 찬 음식과 과일을 먹지 못하게 했다.-----[   ]

③ 약사는 민균 씨에게 알약과 가루약을 섞어 주었다.-------------[   ]

④ 민균 씨는 약을 먹고 나서 TV를 보면서 쉬었다.----------------[   ]

풀어 보기

풀어 보기 1

문제 1 보기처럼 '-자마자'를 넣어서 문장을 만드세요.

> <보기> 미연 씨는 한국어를 _____ 한국에 갔다. [배우다]
>
> → 미연 씨는 한국어를 배우자마자 한국에 갔다.

① 고향에 계신 엄마를 _____ 눈물이 흘렀다. [생각하다]

② 미치코 씨는 물고기를 _____ 놓아 주었다. [잡다]

③ 아버지가 집에 _____ 비가 쏟아졌다. [도착하다]

④ 브라운 씨는 운동을 _____ 팔을 다쳤다.   [시작하다]

문제 2 보기처럼 빈칸에 '-(으)니(까)'를 넣어서 문장을 만드세요.

> <보기> 몸이 _____ 학교에 가기 싫다.   [아프다]
>
> → 몸이 아프니까 학교에 가기 싫다.

① 감기에 _____ 기침이 난다.   [걸리다]

② 기차가 곧 _____ 서둘러라.   [떠나다]

③ 감기약을 _____ 기침이 안 났다.   [먹다]

④ 한라산 산꼭대기에 _____ 매우 추웠다.   [오르다]

⑤ 깊은 산골에 _____ 뱀을 잡을 수 있었다.   [들어가다]

문제 3   보기처럼 빈칸에 '-는데'와 '-은데'를 넣어서 문장을 만드세요.

<보기 1>   비는 _____ 우산이 없었다.   [오다]

　　　　→ 비는 오는데 우산이 없었다.

<보기 2>   날씨가 _____ 그녀는 밖에서 서 있었다. [춥다]

　　　　→ 날씨가 추운데 그녀는 밖에서 서 있었다.

① 옷을 사러 시장에 _____ 좋은 옷이 없었다. [갔다]

② 하늘은 _____ 갑자기 비가 왔다.   [맑다]

③ 도서관에서 _____ 친구가 찾아왔다.   [공부하다]

④ 교실에 책상은 _____ 의자는 없었다.   [많다]

풀어 보기 2

문제 1   다음 문장을 '-게 하다'를 사용하여 사동문으로 바꾸세요.

<보기> 철수가 책을 읽는다.   [시키는 사람 – 선생님]

　　→ 선생님은 철수에게 책을 읽게 한다.

① 리에 씨가 커피를 못 마신다.   [시키는 사람 – 의사]

→ _____.

② 아내가 세탁기를 샀다.   [시키는 사람 – 남편]

→ _____.

③ 나는 축구를 했다.   [시키는 사람 – 어머니]

→ _____.

④ 진주 씨는 그림을 그린다.　　　　　　[시키는 사람 － 김선화 씨]

　→ _____.

문제 2　보기처럼 문장을 바꾸어서 표현해 보세요.

> <보기>　[스즈키 씨는 담배를 피운다]
>
> 　→ 스즈키 씨는 담배를 피우지 못한다.
>
> 　→ 스즈키 씨는 담배를 못 피운다.

① [나는 술을 마셨다]

　→ _____.

　→ _____.

② [미애 씨는 중국에 간다]

　→ _____.

　→ _____.

③ [김소영 씨는 배드민턴을 쳤다]

　→ _____.

　→ _____.

④ [리에 씨는 매운 김치를 먹는다]

　→ _____.

　→ _____.

문제 3   보기처럼 '-아/어 있다'를 넣어서 문장을 완성하세요.

> <보기 1> 뒷산에는 개나리가 _____. [피다 : 현재]
>
>   → 뒷산에는 개나리가 **피어 있다.**
>
> <보기 2> 집 앞에 강아지가 _____. [눕다 : 과거]
>
>   → 집 앞에 강아지가 **누워 있었다.**

① 책상 위에 파리가 _____.   [앉다 : 현재]

② 밥통에 밥이 많이 _____.   [남다 : 과거]

③ 먼지가 서랍 안에 가득 _____.   [쌓이다 : 현재]

④ 물병에 물이 조금 _____.   [들다 : 과거]

풀어 보기 3

문제 1   다음 글을 읽고 질문에 답하세요.

> 저는 배가 아프고 설사가 나서 (1)_____를 찾아 갔습니다. 어제 어머니가 시장에서 돼지고기를 사 왔습니다. 그런데 그 돼지고기를 (2)_____ 곧바로 배가 아팠습니다. 음식을 너무 급하게 (3)_____ 체합니다. 음식을 먹을 때는 천천히 먹어야 체하지 않습니다. 그런데 저는 무엇이든 빨리 먹는 습관이 있어서 자주 체합니다. 저는 약국에서 (4)_____을/를 사 먹습니다.

① 다음 중 (1)에 들어갈 적절한 병원의 종류를 골라 보세요.

    ㉠ 외과   ㉡ 이비인후과   ㉢ 안과   ㉣ 내과

② 다음 중 (2)에 들어갈 수 있는 말을 고르시오.

　　㉠ 먹고　　　㉡ 먹자마자　　　㉢ 먹으러　　　㉣ 먹으면서

③ 보기에서 (3)에 들어갈 수 있는 말을 고르시오.

　　㉠ 먹기　　　㉡ 먹으려고　　　㉢ 먹으면　　　㉣ 먹기 위해서

④ (4)에 들어갈 적절한 약 이름을 고르시오.

　　㉠ 감기약　　　㉡ 두통약　　　㉢ 소화제　　　㉣ 해열제

풀어 보기 4

문제　다음 표현을 소리나는 대로 적으세요.

① 어젯밤　　　[　　　　　　]　　　② 진료　[　　　　　　　]

③ 곧바로　　　[　　　　　　]　　　④ 콧물　[　　　　　　　]

⑤ 못 먹게 했다 [　　　　　　]

더 배우기

 부정문의 형식

	짧은 부정문	긴 부정문
'안' 부정문 (do not)	안 먹다	먹지 않다/아니하다
'못' 부정문 (can not)	못 먹다	먹지 못하다

(1) '안' 부정문 (사실 부정)

  ㉠ 짧은 부정문

    · 영희 씨는 테니스를 안 배웠다.

    · 나는 김치를 잘 안 먹었다.

  ㉡ 긴 부정문

    · 영희 씨는 테니스를 배우지 않았다.

    · 나는 김치를 먹지 않았다.

(2) '못' 부정문 (능력 부정)

  ㉠ 짧은 부정문

    · 영희 씨는 테니스를 못 배웠다.

    · 나는 김치를 잘 못 먹는다.

  ㉡ 긴 부정문

    · 영희 씨는 테니스를 배우지 못했다.

    · 나는 김치를 먹지 못했다.

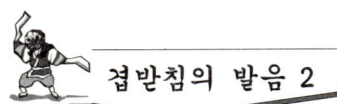

겹받침의 발음 2

규칙 1 : 겹받침 'ㄺ, ㄻ, ㄿ'은 어말 또는 자음 앞에서 각각 [ㄱ, ㅁ, ㅂ]으로 발음한다.

① /ㄺ/ → /ㄱ/ :   • 닭 [닥]   • 흙과 [흑꽈]

                  • 맑다 [막따]

② /ㄻ/ → /ㅁ/ :   • 삶 [삼]   • 젊다 [점따]

③ /ㄿ/ → /ㅂ/ :   • 읊고 [읍꼬]   • 읊다 [읍따]

규칙 2 : 단, 용언의 어간 말음 'ㄺ'은 'ㄱ' 앞에서 [ㄹ]로 발음한다.

• 맑게 [말께]   • 맑고 [말꼬]   • 맑거나 [말꺼나]

• 묽게 [물께]   • 묽고 [물꼬]   • 묽거나 [물꺼나]

• 얽게 [얼께]   • 얽고 [얼꼬]   • 얽거나 [얼꺼나]

규칙 3 : 받침 뒤에 모음 'ㅏ, ㅓ, ㅗ, ㅜ, ㅟ' 들로 시작되는 단어(어근)가 연결되는 경우에는, 대표음을 바꾸어서 뒤 음절 첫소리로 옮겨 발음한다.

• 밭 아래 [바다래]   • 늪 앞 [느밥]   • 꽃 위 [꼬뒤]

• 젖 + 어미 [저더미]   • 겉 + 옷 [거돋]   • 헛 + 웃음 [허두슴]

• 넋 없다 [너겁따]   • 닭 앞에 [다가페]   • 값 + 어치 [가버치]

• 값+있는 [가빈는]   • 맛 + 없다 [마덥따]   • 맛 + 있다 [마딛따, 마싣따]

5. 진주 씨는 포켓볼을 할 수 있습니다.

[학습목표]

○ 운동이나 취미 생활을 할 수 있다.

○ 운동이나 취미 생활에 관련된 어휘를 익힌다

○ 다음의 문장에 나타난 문법 사항을 이해할 수 있다.

  • 진주는 포켓볼을 할 수 있습니다.

  • 진주는 포켓볼을 할 예정입니다.

  • 민우는 운동하는 것을 좋아합니다.

  • 달리기를 하고 나면 기분이 상쾌해집니다.

  • 민균 씨는 일요일마다 축구합니다.

기 본 글

진주 씨는 운동을 좋아해서 퇴근 후에는 바로 헬스클럽으로 갑니다. 진주 씨는 아직 운동이 서툴지만 열심히 배웁니다.

민균 씨는 축구를 좋아해서 친구들과 함께 일요일마다 축구를 합니다. 축구 경기는 힘들고 시간이 많이 걸려서 평일에는 하지 않습니다. 민균 씨는 축구를 보는 것도 좋아해서 가끔 시간이 나면 프로 축구 경기를 관람하기도 합니다.

진주 씨와 민균 씨는 포켓볼을 할 수 있습니다. 포켓볼은 공이 작아서 치기도 쉽고, 간편한 복장으로 할 수도 있습니다. 두 사람은 오늘 저녁에 당구장에서 포켓볼을 할 예정입니다.

어휘

- 헬스클럽 : gym club 健身俱乐部
- 축구 : soccer 足球
- 공 : ball 球
- 프로축구 경기 : professional soccer game 职业足球赛
- 복장 : dress / clothes 着装
- 예정 : be going to 打算
- 배우다 : learn 学习
- 작다 : small 小
- 간편하다 : be casual 方便
- 열심히 : hard 认真地

- 운동 : exercise 运动
- 경기 : game 竞赛
- 평일 : weekday 平日
- 당구장 : pool hall 台球厅
- 서투르다 : be poor in ～生疏
- 관람하다 : see 观看
- 치다 : play (pool) 踢(球)
- 바로 : directly 立刻
- 시간이 나다 : have time 有空

발음

- 배웁니다 [배움니다]
- 쉽고   [쉽ː꼬]

- 포켓볼   [포켇뽈/포케뽈]
- 할 수 있습니다 [할 쑤 이씀니다]

기본 문법

기본 문법 1 【 -마다 】

가. 민균 씨는 일요일마다 축구를 합니다.

나. 만나는 사람마다 진주 씨를 칭찬했다.

연습 1 보기처럼 '-마다'를 넣어서 문장을 만드세요.

<보기> 민균 씨는 일요일에 축구를 합니다.

　　　→ 민균 씨는 일요일마다 축구를 합니다.

① 선생님이 민균 씨를 좋아했다.

　→ 선생님_____ 민균 씨를 좋아했다.

② 교장 선생님이 학생에게 상을 주었다.

　→ 교장 선생님이 학생_____ 상을 주었다.

③ 민호 씨는 가방을 열어 보았다.

　→ 민호 씨는 가방_____ 열어 보았다.

④ 지나가는 사람이 미연 씨를 도와주었다.

　→ 지나가는 사람_____ 미연 씨를 도와주었다.

⑤ 순호 씨는 아침에 우유를 마신다.

　→ 순호 씨는 아침_____ 우유를 마신다.

기본 문법 2 【 -(으)ㄹ 수 있다/없다 ; -(으)ㄹ 줄 알다/모르다 】

> 가. 진주 씨는 포켓볼을 할 수 있습니다.
>
> 나. 영호 씨는 일본 책을 읽을 줄 알아요.

연습 1 보기처럼 '-(으)ㄹ 수 있다/없다'를 넣어서 문장을 만드세요.

> <보기> [진주 씨는 포켓볼을 하다]
>
>   → 진주 씨는 포켓볼을 할 수 있다.
>
>   → 진주 씨는 포켓볼을 할 수 없다.

① [린다 씨는 바다에서 수영을 한다]

  → _____.

  → _____.

② [미연 씨는 김치찌개를 만들다]

  → _____.

  → _____.

③ [다나카 씨는 영어로 편지를 쓰다]

  → _____.

  → _____.

④ [나는 친구에게 돈을 빌려주었다]

  → _____.

  → _____.

연습 2   보기처럼 빈칸에 '-(으)ㄹ 줄 알다/모르다'를 넣어서 문장을 만드세요.

> <보기> [영호 씨는 일본 책을 읽다]
>
>   → 영호 씨는 일본 책을 읽을 줄 안다.
>
>   → 영호 씨는 일본 책을 읽을 줄 모른다.

① [스미스 씨는 자전거를 타다]

  → _____.

  → _____.

② [민호 씨는 라면을 끓이다]

  → _____.

  → _____.

③ [아기는 혼자서 걷다]

  → _____.

  → _____.

④ [린다 씨는 매운 김치를 먹다]

  → _____.

  → _____.

⑤ [윤정 씨는 하모니카를 불다]

  → _____.

  → _____.

기본 문법 3 【 -(으)ㄹ 예정이다 】

가. 진주 씨는 포켓볼을 할 예정입니다.

나. 스미스 씨는 회의에 참석할 예정입니다.

연습 1   보기처럼 빈칸에 '-(으)ㄹ 예정이다'를 넣어서 문장을 만드세요.

<보기> [진주 씨는 포켓볼을 하다]

→ 진주 씨는 포켓볼을 할 예정이다.

① [찬호는 오늘 오후에 영화를 보다]

→ _____.

② [영희는 다음 주에 미국으로 가다]

→ _____.

③ [서울행 기차가 3시 반에 도착하다]

→ _____.

④ [내년부터 버스 요금을 올리다]

→ _____.

⑤ [콘서트는 다음달 15일에 부산예술회관에서 열리다]

→ _____.

연습 1 기본 글을 읽고 다음 물음에 답하세요.

① 진주 씨는 퇴근 후에 어디로 갑니까?

답 : _____.

② 민균 씨는 왜 일요일에만 축구를 합니까?

답 : _____.

③ 포켓볼은 왜 쉽게 할 수 있습니까?

답 : _____.

연습 2 다음 문장 중에서 기본 글의 내용과 다른 부분을 찾아서 고치세요.

① 진주 씨는 퇴근 후에 바로 수영장에 갑니다.

답 : _____.

② 민균 씨는 일요일에 가족들과 축구를 합니다.

답 : _____.

③ 축구는 돈이 많이 들어서 평일에는 할 수 없습니다.

답 : _____.

④ 진주 씨와 민균 씨는 점심때에 포켓볼을 할 예정입니다.

답 : _____.

⑤ 진주 씨는 모든 운동을 잘 합니다.

답 : _____.

응 용 글

민균 씨는 운동을 좋아해서 테니스, 배드민턴, 탁구, 축구, 농구, 조깅을 할 줄 압니다. 민균 씨는 운동을 직접 하는 것도 좋아하고 경기를 보는 것도 좋아합니다.

진주 씨는 학교 운동장에서 매일 아침 30분씩 조깅을 합니다. 아침에 일찍 일어나서 달리기를 하면 기분이 상쾌해집니다. 조깅은 지루하지만 꾸준히 하면 건강에 매우 좋습니다.

미연 씨는 다른 운동은 못하지만 테니스는 할 수 있습니다. 미연 씨는 동네의 테니스장에서 매일 1시간씩 테니스를 합니다. 그리고 일요일에는 보통 두세 시간 정도 테니스를 하는데, 이렇게 테니스를 하고 나면 다음날 직장 생활을 즐겁게 할 수 있습니다.

응용 어휘

- 배드민턴 : badminton 羽毛球
- 농구 : basketball 篮球
- 조깅 : jogging 慢跑
- 경기 : game 竞赛
- 매일 : everyday 每天
- 보통 : usually 一般
- 건강 : health 健康
- 생활 : life 生活
- 지루하다 : boring 枯燥
- 두세 : two or three 俩三
- 이렇게 : like this 这样

- 탁구 : table tennis 乒乓球
- 운동장 : playground 运动场
- 달리기 : running 跑步
- 기분 : mood / feeling 心情
- 동네 : town 小区
- 정도 : about 程度
- 다음날 : the next day 第二天
- 즐겁게 : delightfully 愉快地
- 다른 : other 其他
- 꾸준히 : steadily 坚持不懈地
- 직접 : directly 直接

응용 발음

- 좋아합니다   [조아합니다]
- 꾸준히   [꾸주니]

- 직접   [직쩝]
- 상쾌해집니다 [상ː쾌해짐니다]

 응용 문법

응용 문법 1 【 것 】

> 가. 민우는 운동하는 것을 좋아합니다.
>
> 나. 지영 씨는 영화 보는 것을 싫어한다.

연습 1 보기처럼 '-는 것'을 넣어서 명사구를 완성해 보세요.

> <보기> [운동을 하다] + 것
>
>   → 운동을 하는 것

① [노래 부르다] + 것

   → _____ 것

② [운동장에서 놀다] + 것

   → _____ 것

③ [미란 씨와 함께 있다] + 것

   → _____ 것

④ [한국어를 공부하다] + 것

   → _____ 것

연습 2 보기처럼 빈칸에 '-는 것'을 넣어서 문장을 만들어 보세요.

> <보기> 지영 씨는 _____을 싫어합니다. [영화를 보다]
>
>   → 지영 씨는 **영화를 보는 것**을 싫어합니다.

① 인수는 _____을 좋아합니다.   [라디오를 듣다]

② 스미스 씨는 _____을 싫어합니다.   [시험을 치다]

③ 수진 씨는 _____이 취미입니다.   [등산하다]

④ 나는 _____이 두렵습니다.   [치과에 가다]

응용 문법 2 【 -아/어지다 】

가. 날씨가 맑아졌다.

나. 기분이 상쾌해졌다.

연습 1   보기처럼 '-아/어지다'를 넣어서 문장을 만드세요.

<보기 1> [날씨가 맑다]   → 날씨가 맑아집니다.

<보기 2> [기분이 상쾌하다] → 기분이 상쾌해집니다.

① [불빛이 점점 밝다]

→ _____.

② [장미꽃이 차차 붉다]

→ _____.

③ [여름이 되니 날씨가 대단히 덥다]

→ _____.

④ [비가 오니 날씨가 춥다]

→ _____.

⑤ [하늘이 흐리다]

→ _____.

⑥ [방 안이 시원하다]

→ _____.

응용 문법 3 【 -씩 】

가. 미연 씨는 매일 한 시간씩 테니스를 합니다.

나. 한 사람씩 차례로 공을 던졌습니다.

연습 보기처럼 '-씩'을 넣어서 문장을 만드세요.

<보기> [미연 씨는 매일 한 시간 테니스를 합니다]

→ 미연 씨는 매일 한 시간씩 테니스를 합니다.

① [사람들이 과자를 하나 먹었다]

→ _____.

② [두 사람이 방 안으로 들어갔다]

→ _____.

③ [학생들은 자장면을 두 그릇 먹었다]

→ _____.

④ [선생님은 아이들에게 손수건을 한 장 나누어 주었다]

→ _____.

⑤ [회장은 회원들에게 만 원을 걷었다]

→ _____.

내용 학습

연습 1 응용 글을 읽고 다음 물음에 답하세요.

① 민균 씨가 할 줄 아는 운동을 무엇입니까?

답 : _____.

② 왜 진주 씨는 아침마다 조깅을 합니까?

답 : _____.

③ 미연 씨가 아침마다 하는 운동은 무엇입니까?

답 : _____.

연습 2 다음의 문장이 응용 글의 내용과 같으면 'O'를 표시하고, 다르면 'X'를 표시하세요.

① 민균 씨는 운동을 직접 하는 것만 좋아합니다. -------------------------- [   ]

② 진주 씨는 매일 아침 30분씩 달리기를 합니다. -------------------------- [   ]

③ 미연 씨는 다른 운동도 잘 하지만, 특히 테니스를 좋아합니다. ----[   ]

④ 조깅은 지루하지도 않고 건강에도 좋습니다. -------------------------- [   ]

풀어 보기

풀어 보기 1

문제 1 보기처럼 문장을 바꾸어 보세요.

> <보기 1> [철수 씨는 된장찌개를 먹다] + [수 있다]
>
>   → 철수 씨는 된장찌개를 먹을 수 있어요.
>
> <보기 2> [철수 씨는 된장찌개를 먹다] + [줄 모르다]
>
>   → 철수 씨는 된장찌개를 먹을 줄 몰라요.

① [리에 씨는 라면을 끓이다] + [수 없다]

  → _____.

② [제 동생은 스케이트를 타다] + [줄 알다]

  → _____.

③ [김민호 씨는 자동차를 운전하다] + [수 있다]

  → _____.

④ [미연 씨는 피아노를 치다] + [줄 모르다]

  → _____.

⑤ [미애 씨는 하모니카를 불다] + [줄 모르다]

  → _____.

문제 2   보기처럼 '-(으)ㄹ 예정이다'를 넣어서 질문에 답하세요.

> <보기> 내일은 무엇을 합니까?
>
> 　　　　내일은 친구와 ＿＿＿＿＿＿＿＿＿＿＿＿＿. [만나다]
>
> 　　　　→ 내일은 친구와 만날 예정입니다.

① 이번 주에는 무엇을 합니까?

　　→ 내일부터 도서관에서 ＿＿＿＿＿＿＿＿＿＿＿. [공부하다]

② 다음은 어디로 갑니까?

　　→ 이제 부산박물관으로 ＿＿＿＿＿＿＿＿＿＿. [떠나다]

③ 다음 달에는 무엇을 합니까?

　　→ 학교에서 축제를 ＿＿＿＿＿＿＿＿＿＿＿. [개최하다]

④ 이제부터는 무엇을 할 예정입니까?

　　→ 헤어진 가족을 ＿＿＿＿＿＿＿＿＿＿. [찾다]

문제 3   보기처럼 두 문장을 이어서 한 문장으로 표현하세요.

> <보기 1> [나는 매일 공부를 한다] + [나는 그것이 습관이다]
>
> 　　　　→ 나는 ＿＿＿＿＿＿＿＿＿＿＿ 것이 습관이다.
>
> 　　　　→ 나는 매일 공부하는 것이 습관이다.
>
> <보기 2> [철수 씨가 돈을 훔쳤다] + [나는 그것을 몰랐다]
>
> 　　　　→ 나는 ＿＿＿＿＿＿＿＿＿＿ 것을 몰랐다.
>
> 　　　　→ 나는 철수 씨가 돈을 훔친 것을 몰랐다.

① [제인이 늦잠을 잔다] + [어머니는 그것을 알고 있다]

　　→ 어머니는 ＿＿＿＿＿＿＿＿＿＿ 것을 알고 있다.

② [미애 씨는 중국에 간다] + [미애 씨는 그것을 기대했다]

　　→ 리에 씨는 ＿＿＿＿＿＿＿＿＿＿＿＿＿ 것을 기대했다.

③ [철수가 1등을 했다] + [선생님은 그것을 반가워했다]

　　→ 선생님은 ＿＿＿＿＿＿＿＿＿＿＿＿＿ 것을 반가워했다.

④ [어머니는 요리한다] + [어머니는 그것을 좋아한다]

　　→ 어머니는 ＿＿＿＿＿＿＿＿＿＿＿＿＿ 것을 좋아한다.

풀어 보기 2

문제 1　보기처럼 '–마다'를 넣어서 문장을 만드세요.

> <보기> 학생들이 공부를 열심히 했다.
>
> 　　→ 학생들마다 공부를 열심히 했다.

① 영수 씨는 아침에 운동을 한다.

　→ ＿＿＿＿＿＿＿＿＿＿＿＿＿＿＿＿＿＿＿＿＿＿＿.

② 인호 씨는 진열대에 놓인 라디오를 다 틀어 보았다.

　→ ＿＿＿＿＿＿＿＿＿＿＿＿＿＿＿＿＿＿＿＿＿＿＿.

③ 순희 씨는 식탁에 수저를 놓았다.

　→ ＿＿＿＿＿＿＿＿＿＿＿＿＿＿＿＿＿＿＿＿＿＿＿.

④ 할아버지는 만나는 사람에게 인사를 하였다.

　→ ＿＿＿＿＿＿＿＿＿＿＿＿＿＿＿＿＿＿＿＿＿＿＿.

문제 2   보기처럼 빈칸에 '-어지다'를 넣어서 문장을 만드세요.

> <보기 1>   오늘은 동화책이 잘 _____.   [읽다 : 현재]
>
>   → 오늘은 동화책이 잘 읽어진다.
>
> <보기 2>   배가 고파서 김밥이 잘 _____.   [먹다 : 과거]
>
>   → 배가 고파서 김밥이 잘 먹어졌다.

① 황령산에 산책길이 _____.   [만들다 : 과거]

② 나는 미령 씨가 점점 더 _____.   [좋다 : 현재]

③ 어제부터 날씨가 퍽 _____.   [춥다 : 과거]

④ 청소를 하고 나니 방이 _____.   [깨끗하다 : 과거]

문제 3   보기처럼 [   ] 안의 단어에 '-게'를 넣어서 문장을 만드세요.

> <보기>   연습 문제가 _____ 풀어졌다.   [쉽다]
>
>   → 연습 문제가 쉽게 풀어졌다.

① 미연 씨는 동생들을 _____ 맞이하였다.   [반갑다]

② 우리는 해운대 바닷가에서 _____ 놀았다.   [즐겁다]

③ 아저씨는 무거운 짐을 _____ 들었다.   [가볍다]

④ 아주머니는 중국 요리를 _____ 만들었다.   [맛있다]

문제 4   보기처럼 '-씩'을 넣어서 문장을 만드세요.

> <보기>   [경찰관이 도둑을 한 사람 잡았다]
>
>   → 경찰관이 도둑을 한 사람씩 잡았다.

① [선생님께서는 아이들에게 연필을 한 자루 주었다]

  → _____.

② [하루에 자동차를 한 대 팔았다]

  → _____.

③ [마을 사람들이 돼지를 두 마리 가져왔다]

  → _____.

④ [회원들이 1만 원을 내었다]

  → _____.

풀어 보기 3

문제 다음 표현을 소리나는 대로 적어 보세요.

① 쉽고   [   ]

② 직접   [   ]

③ 꾸준히   [   ]

④ 좋아합니다   [   ]

⑤ 할 수 있습니다 [   ]

더 배우기

 피동 표현

가. [V + -아/어지다]

① 철수 씨가 문을 굳게 닫았다. → 문이 굳게 닫아졌다.

② 과일 장수가 과일을 다 팔았다. → 과일이 다 팔아졌다.

③ 호랑이가 토끼를 잡았다. → 토끼가 호랑이에게 잡아졌다.

④ 사과를 상자에 담았다. → 과일이 상자에 담아졌다.

나. [V + -게 되다]

① 철수 씨가 길에서 잤다. → 철수 씨가 길에서 자게 되었다.

② 어머님께서 고향으로 가셨다. → 어머니께서 고향으로 가시게 되었다.

③ 사냥꾼이 토끼를 잡았다. → 사냥꾼이 토끼를 잡게 되었다.

④ 군인들은 더러운 옷을 빨았다. → 군인들은 더러운 옷을 빨게 되었다.

다. [N + -되다]

① 공연 날짜를 10월 9일로 예정했다. → 공연 날짜가 10월 9일로 예정되었다.

② 식당에서 종이컵을 사용했다. → 식당에서 종이컵이 사용되었다.

③ 김밥 100인 분을 준비하였다. → 김밥 100인 분이 준비되었다.

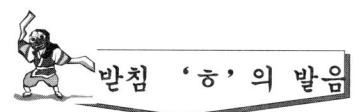 받침 'ㅎ'의 발음

규칙 1 : 'ㅎ(ㄶ, ㅀ)' 뒤에 'ㄱ, ㄷ, ㅈ'이 결합되는 경우에는, 뒤 음절 첫소리와 합쳐서 [ㅋ, ㅌ, ㅊ]으로 발음한다.

① ㅎ+ㄱ → ㅋ :   좋고 → [조코]   많고 → [만코]   옳고 → [올코]
② ㅎ+ㄷ → ㅌ :   좋다 → [조타]   많다 → [만타]   옳다 → [올타]
③ ㅎ+ㅈ → ㅊ :   좋지 → [조치]   많지 → [만치]   옳지 → [올치]

규칙 2 : 받침 'ㅂ, ㄷ, ㅈ, ㄱ'이 뒤 음절의 첫소리 'ㅎ'과 합쳐져서 하나의 소리인 [ㅍ, ㅌ, ㅊ, ㅋ]으로 발음한다.

① ㅂ+ㅎ → ㅍ :   잡히다 → [자피다]   밟히다 → [발피다]
② ㄷ+ㅎ → ㅌ :   맏형 → [마텽]   닫히다 → [다티다] → [다치다]
③ ㅈ+ㅎ → ㅊ :   꽂히다 → [꼬치다]   앉히다 → [안치다]
④ ㄱ+ㅎ → ㅋ :   먹히다 → [머키다]   읽히다 → [일키다]

규칙 3 : 'ㅎ' 뒤에 'ㅅ'이 결합되는 경우에는 'ㅅ'를 [ㅆ]으로 발음한다.

닿소 → [다쏘]   많소 → [만ː쏘]   싫소 → [실쏘]

규칙 4 : 'ㅎ' 뒤에 모음으로 시작된 어미나 접미사가 결합되는 경우에는, 'ㅎ'을 발음하지 않는다.

낳은 → [나은]   놓아 → [노아]   쌓이다 → [싸이다]   많아 → [마ː나]
않은 → [아는]   닳아 → [다라]   싫어도 → [시러도]

6. 도서관이 어디에 있습니까?

[학습목표]

○ 길이나 건물을 다른 사람에게 묻거나 안내할 수 있다.

○ 길이나 건물의 위치를 표현하는 어휘를 익힌다.

○ 다음의 문장에 나타난 문법 사항을 이해할 수 있다.

- 한국대학교까지는 약 3분 정도 걸릴 겁니다.

- 한 100미터쯤 걸어갔다.

- 집에 오려면 대연초등학교를 찾으십시오.

- 세정 씨는 친구들에게 자기 집의 위치를 설명합니다.

- 집을 못 찾더라도 너무 걱정하지 마십시오.

기 본 글

남구 도서관을 찾으십니까? 지금부터 제가 남구 도서관으로 가는 길을 안내하겠습니다.

먼저 이 길을 따라 계속 걸어가면 용연 삼거리가 나옵니다. 용연 삼거리를 지나서 한 100미터쯤 가면, 길가에 한국 대학교의 정문이 있습니다. 여기서 한국 대학교까지는 빠른 걸음으로 약 3분 정도 걸릴 겁니다. 한국 대학교를 지나서 못골 사거리가 나올 때까지 계속 걸어가십시오.

못골 사거리 앞에서 왼쪽으로 돌아서 가면 소방서가 나옵니다. 그리고 소방서를 지나서 산 쪽으로 약 50미터쯤 올라가면 길 왼편에 5층 건물이 보입니다. 그 건물이 바로 남구 도서관인데, 여기서 걸어서 가면 한 10분 정도 걸립니다.

기본 어휘

- 제 : I 我
- 도서관 : library 图书馆
- 정문 : front gate 正门
- 사거리 : intersection 十字路口
- 걸음 : walk 步行
- 오른쪽 : right 右边
- 산 : mountain 山
- 건물 : building 建筑物
- 걸어가다 : walk 走着去
- 걸리다 : It takes~ 花(时间)
- 말다 : stop (not~) 停止
- 안내하다 : show (a person) the way 引导
- 약 : about 大约

- 삼거리 : 3 way intersection 三盆口
- 미터 : meter 公尺
- 길가 : way side 路边
- 소방서 : fire station 消防站
- ~ 정도 : about 大概
- ~층 : story ~层
- 지나다 : pass by 经过
- 걷다 : walk 行走
- 나오다 : come out 出现
- 올라가다 : go up to~ 上去
- 다시 : again 再
- 계속 : keep~ -ing 继续
- 한 : about 大约

기본 발음

- 찾으십니까   [차즈심니까]
- 못골   [몯꼴 / 모꼴]

- 왼쪽에   [왼 : 쪼게 / 웬 : 쪼게]

 기본 문법

기본 문법 1 【 -(으)ㄹ 것/거 】

> 가. 여기에서 한국대학교까지는 5분 걸릴 겁니다.
>
> 나. 저녁은 회사에서 먹을 겁니다.

연습 1 보기처럼 빈칸에 '-(으)ㄹ 것/거'를 넣어서 문장을 만드세요.

> <보기> [여기에서 한국대학교까지는 5분 걸리다]
>
> → 여기에서 한국대학교까지는 5분 걸릴 것입니다.
>
> → 여기에서 한국대학교까지는 5분 걸릴 겁니다.

① [그 가방은 아주 무겁다]

→ _____.

→ _____.

② [내일은 아마 비가 많이 오다]

→ _____.

→ _____.

③ [아버님께서 결혼을 허락하시다]

→ _____.

→ _____.

④ [달리기 시합에서 철수가 우승해요]

→ _____.

→ _____.

기본 문법 2 【 -(으)십시오 】

가. 횡단보도가 나올 때까지 걸어가십시오.

나. 선생님, 내일은 일찍 출근해 주십시오.

연습 1   보기처럼 빈칸에 '-(으)십시오'를 넣어서 문장을 만드세요.

<보기 1> [횡단보도가 나올 때까지 걸어가다]

→ 횡단보도가 나올 때까지 걸어가십시오.

<보기 2> [선생님, 내일은 일찍 출근해 주다]

→ 선생님, 내일은 일찍 출근해 주십시오.

① [줄을 천천히 당기다]

→ _____.

② [이 서류를 좀 복사하다]

→ _____.

③ [우리 회사에 한번 방문하다]

→ _____.

④ [모두 자리에 앉아 주다]

→ _____.

연습 2   보기처럼 빈칸에 '-(으)세요'와 '-(으)십시오'를 넣어서 문장을 만드세요.

<보기> [추우니까 창문을 닫다]

→ 추우니까 창문을 닫으세요.

→ 추우니까 창문을 닫으십시오.

① [방 안이 더우니까 선풍기를 틀다]

→ _____.

→ _____.

② [전화벨이 울리면 전화를 받다]

→ _____.

→ _____.

③ [비가 오니까 얼른 빨래를 걷다]

→ _____.

→ _____.

④ [배가 부르니까 그릇에 밥을 조금만 담다]

→ _____.

→ _____.

⑤ [밥이 없으면 라면을 끓이다]

→ _____.

→ _____.

기본 문법 3 【 한/약 ~ -쯤/정도 】

가. 나는 사거리를 지나서 한 100미터쯤 걸어갔다.

나. 여기서 도서관까지 약 10분 정도 걸립니다.

연습 1   보기처럼 빈칸에 알맞은 말을 넣어보세요.

<보기> 나는 사거리를 지나서 100미터 걸어갔다.

→ 나는 사거리를 지나서 한 100미터쯤 걸어갔다.

→ 나는 사거리를 지나서 약 100미터 정도 걸어갔다.

① 버스를 타면 여기서 집까지 **20분** 걸립니다.

→ 버스를 타면 여기서 집까지 _____ 20분 _____ 걸립니다.

② 시청까지는 여기서 **4킬로미터** 더 가야 합니다.

→ 시청까지는 여기서 _____ 4킬로미터 _____ 더 가야 합니다.

③ 국에 간장을 두 **숟가락** 더 넣어야 해요.

→ 국에 간장을 _____ 두 숟가락 _____ 더 넣어야 해요.

④ 새 가방을 사려면 돈이 **3만 원** 필요해요.

→ 새 가방을 사려면 돈이 _____ 3만 원 _____ 필요해요.

⑤ 떡국을 다 만들려면 쌀이 **5킬로그램** 사야 해요.

→ 떡국을 다 만들려면 쌀이 _____ 5킬로그램 _____ 사야 해요.

연습 1   기본 글을 읽고 다음 물음에 답하세요.

① 남구 도서관을 찾아갈 때 지나가야 할 장소를 차례대로 적으시오.

용연 삼거리 → [   ] → [   ] → [   ] →
남구 도서관

② 용연 삼거리에서 한국 대학교까지 가려면 몇 미터 정도 걸어야 합니까?

답 : _____

③ 소방서와 남구 도서관 사이의 거리는 얼마입니까?

답 : _____

④ 출발점부터 남구 도서관까지 시간이 얼마나 걸립니까?

답 : _____

연습 2   다음 문장이 기본 글의 내용과 같으면 'O'를 표시하고, 다르면 'X'를 표시
하세요.

① 한국 대학교 정문에서 왼쪽으로 가면 병원이 나온다.------------ [   ]

② 남구 도서관은 6층 건물이다.-------------------------------------- [   ]

③ 출발점에서 한국 대학교의 정문까지는 걸어서 약 5분 정도 걸린다.

-------------------------- [   ]

④ 못골 사거리 앞에서 오른쪽으로 돌아가면 소방서가 나온다.--- [   ]

응 용 글

세정 씨는 회사 친구들에게 자기 집의 위치를 설명하고 있습니다.

우리 집은 지하철 대연역 부근에 있으므로, 우리 집에 오려면 먼저 대연역 근처에 있는 대연초등학교를 찾으십시오. 그리고 대연초등학교 옆에 있는 횡단보도에서 길을 건너십시오. 횡단보도를 건너서 왼쪽으로 40미터 정도 걸어가면 대연유치원이 나옵니다. 그 유치원의 바로 맞은편에 4층 빌라 건물이 있는데, 그 빌라의 4층에 우리 집이 있습니다.

비록 여러분이 우리 집을 찾지 못하더라도 걱정하지 마십시오. 저희 집 근처에서 저에게 전화를 하시면 제가 다시 안내하겠습니다.

응용 어휘

- 자기 : her / one's 自己
- 설명 : tell 说明
- 지하철 : subway 地铁
- 부근 : nearby 附近
- 초등학교 : elementary school 小学
- 유치원 : kindergarten 幼儿园
- 빌라 : villa 小楼
- 건너다 : cross 过
- 말다 : stop (not~) 停止

- 위치 : location 位置
- 우리 : we 我们
- 역 : station 站
- 근처 : near 附近
- 횡단보도 : a pedestrian crossing 斑马线
- 맞은편 : opposite (across from) 对面
- 건물 : building 建筑物
- 걱정하다 : worry 担心
- 안내하다 : come and get you 引导

응용 발음

- 횡단보도 [횡단보도 / 휑단보도]
- 저희 　　[저히]

- 찾으십시오 [차즈십씨오]

 응용 문법

응용 문법 1 【 자기/자신 】

가. 세정 씨는 자기의 집을 팔았다.

나. 철수 씨는 자신을 때린 사람을 용서했다.

연습 1 보기처럼 빈칸에 재귀 대명사를 넣어서 문장을 만들어 보세요.

<보기 1> [세정 씨는 세정 씨의 집을 팔았다]

→ 세정 씨는 자기(의) 집을 팔았다.

<보기 2> [철수 씨는 철수 씨를 때린 사람을 용서했다]

→ 철수 씨는 자신을 때린 사람을 용서했다.

① [미애 씨는 미애 씨의 나라를 사랑합니다]

→ 미애 씨는 _____.

② [어머니는 어머니가 받은 선물을 남에게 나누어 주셨다]

→ 어머니는 _____.

③ [선생님은 선생님에게 배울 학생을 찾으신다]

→ 선생님은 _____.

④ [영이는 영이와 함께 영화관에 갈 친구를 아직 못 만났다]

→ 영이는 _____.

⑤ [영수는 영수에게 불리한 말을 하지 않았다]

→ 영수는 _____.

응용 문법 2 【 –지 말다 】

> 가. 너무 걱정하지 마십시오.
>
> 나. 자리가 더러우니까 앉지 마세요.

연습 1   다음의 문장을 '–지 말다'를 사용해서 명령문으로 만들어 보세요.

> <보기> [너무 걱정하다]
>
> → 너무 걱정하지 마라.
>
> → 너무 걱정하지 마세요.
>
> → 너무 걱정하지 마십시오.

① [날씨가 추우니까 얇은 옷을 입다]

→ _____.

② [감기에 걸렸으니 찬 음식을 먹다]

→ _____.

③ [내일이 시험이니까 너무 늦게 자다]

→ _____.

④ [비가 많이 오니까 밖에서 놀다]

→ _____.

⑤ [국이 뜨거우니까 냄비에 손을 대다]

→ _____.

응용 문법 3 【 -더라도 】

> 가. 비록 여러분이 집을 못 찾더라도 걱정하지 마십시오.
>
> 나. 날씨가 춥더라도 일을 계속해야 한다.

연습   보기처럼 '-더라도'를 사용해서 다음의 두 문장을 이어 보세요.

> <보기> [비록 여러분이 집을 못 찾다] + [여러분은 걱정하지 마십시오]
>
>   → 비록 여러분이 집을 못 찾더라도 걱정하지 마십시오.

① [비록 가격이 조금 비싸다] + [맛이 좋은 과일을 사야 한다]

   → _____.

② [고향으로 돌아가다] + [나를 잊지 마세요]

   → _____.

③ [바람이 많이 불다] + [테니스 대회는 반드시 개최한다]

   → _____.

④ [비록 학생들은 많이 피곤하다] + [학생들은 열심히 공부했다]

   → _____.

⑤ [용돈이 조금 부족하다] + [아껴서 사용하시기 바랍니다]

   → _____.

 내용 학습

연습 1   응용 글을 읽고 물음에 답해 보세요.

(가) 세정 씨 집의 맞은편에는 무엇이 있나요? ------------------[   ]

　　① 지하철　　② 대연초등학교　　③ 대연유치원　　④ 대연은행

(나) 세정 씨의 집을 찾아가는 방법을 순서대로 나열하세요.

> ㄱ. 대연초등학교를 찾는다.
>
> ㄴ. 대연유치원을 찾는다.
>
> ㄷ. 대연초등학교 옆 횡단보도를 건넌다.
>
> ㄹ. 지하철 대연역을 찾는다.

　　　　[   ] → [   ] → [   ] → [   ]

연습 2   다음의 문장 중에서 응용 글의 내용과 일치하지 않는 것을 모두 고르세요.

① 세정 씨의 집을 찾기 어려우면 세정 씨의 집으로 전화를 하면 된다.

② 세정 씨는 유치원의 왼쪽 편에 살고 있습니다.

③ 대연초등학교 옆에는 횡단보도가 있습니다.

④ 세정 씨는 빌라 4층에 살고 있다.

풀어 보기

풀어 보기 1

문제 1 다음 질문에 대하여 보기처럼 답을 만드세요.

> <보기> 학교에서 수영장까지 몇 분 걸립니까?   [10분]
>
>   → 한 10분쯤 걸립니다.
>
>   → 한 10분 정도 걸립니다.

① 서울에서 며칠 정도 묵을 예정입니까?   [10일]

   → _____.

   → _____.

② 이 영화를 보는 데 몇 시간 정도 걸립니까?   [2시간 30분]

   → _____.

   → _____.

③ 집에서 학교까지 거리가 얼마나 됩니까?   [500미터]

   → _____.

   → _____.

④ 휴가 동안에 돈을 얼마나 썼어요?   [30만원]

   → _____.

   → _____.

문제 2   보기처럼 '자기' 혹은 '자신'을 넣어서 문장을 고치세요.

> <보기> [진주 씨는 진주 씨의 휴대전화를 잃어버렸다]
>
> → 진주 씨는 자기의 휴대전화를 잃어버렸다.
>
> → 진주 씨는 자신의 휴대전화를 잃어버렸다.

① [리에 씨는 리에 씨에게 불리한 말을 하지 않았다]

→ _____.

→ _____.

② [언니는 언니의 어린 시절을 그리워했다]

→ _____.

→ _____.

③ [영호 씨는 영호 씨와 함께 미국으로 갈 친구를 찾고 있다]

→ _____.

→ _____.

④ [아버지는 아버지에게 꼭 필요한 일만 합니다]

→ _____.

→ _____.

문제 3   다음의 보기처럼 '-(으)ㄹ 겁니다/거예요'를 넣어서 문장을 만드세요.

> <보기> [미연 씨가 들고 있는 지갑은 조금 무겁다]
>
> → 미연 씨가 들고 있는 지갑은 조금 무거울 겁니다.
>
> → 미연 씨가 들고 있는 지갑은 조금 무거울 거예요.

① [내일은 아마 비가 많이 오다]

　→ _____.

② [저녁에 손님이 사무실에 들르다]

　→ _____.

③ [아마 스미스 씨도 된장찌개를 좋아하다]

　→ _____.

④ [진주 씨는 지금 헬스장에서 운동을 하고 있다]

　→ _____.

풀어 보기 2

문제 1　보기처럼 빈칸에 '-(으)십시오'를 넣어서 문장을 만드세요.

> <보기> 대연역에서 왼쪽 방향으로 _____. [가다]
>
> 　→ 대연역에서 왼쪽 방향으로 가십시오.

① 하루에 한 시간 신문을 _____. [읽다]

② 건강을 위해 꾸준히 _____. [운동하다]

③ 이제부터는 맛있는 과일을 _____. [먹다]

④ 모기에 안 물리려면 모기향을 _____. [피우다]

문제 2 보기처럼 빈칸에 '-지 말다'를 넣어서 문장을 만드세요.

> <보기> 이제부터는 두통약을 _____. [먹다]
>
> → 이제부터는 두통약을 먹지 마.
>
> → 이제부터는 두통약을 먹지 마세요.
>
> → 이제부터는 두통약을 먹지 마십시오.

① 거실에서 잠을 _____. [자다]

② 남의 집에서 큰 소리로 _____. [떠들다]

③ 문을 너무 세게 _____. [닫다]

④ 선풍기를 너무 약하게 _____. [틀다]

문제 3 보기처럼 빈칸에 '-더라도'를 넣어서 문장을 만드세요.

> <보기> 지금 우체국에 _____ 편지를 부칠 수 없다. [가다]
>
> → 지금 우체국에 가더라도 편지를 부칠 수 없다.

① 비록 도둑이 감옥에서 _____ 다시 잡혀 올 것이다. [도망치다]

② 아무리 네가 달리기를 잘 _____ 1등은 못 한다. [하다]

③ 힘은 좀 _____ 일을 열심히 한다. [모자라다]

④ 아무리 모기약을 _____ 모기를 없앨 수 없다. [뿌리다]

풀어 보기 3

문제 다음 표현을 자연스럽게 발음해 보세요.

① 저희   [   ]   ② 왼쪽에   [   ]

③ 횡단보도 [   ]   ④ 찾으십니까 [   ]

더 배우기

상대높임법

		평서	의문	명령	청유
격식체	높임	입-습니다 맑-습니다	입-습니까? 맑-습니까?	입-으십시오	입-으시지요
	낮춤	입-는다 맑-다	입-느냐? 맑-으냐?	입-어라	입-자
비격식체	높임	입-어요	입-어요?	입-어요	입-어요
	낮춤	입-어	입-어?	입-어	입-어

<격식체> 의례적인 용법으로 거리감이 나타나는 상대 높임 표현이다.

(평서)   ㄱ. 영희가 한복을 입습니다.   / 하늘이 맑습니다.

　　　　ㄴ. 영희가 한복을 입는다.   / 하늘이 맑다.

(의문)   ㄱ. 영희가 한복을 입습니까? / 하늘이 맑습니까?

　　　　ㄴ. 영희가 한복을 입느냐?   / 하늘이 맑으냐?

(명령)   ㄱ. 선생님, 한복을 입으십시오.

　　　　ㄴ. 철수야, 한복을 입어라.

(청유)   ㄱ. 선생님, 한복을 입으시지요.

　　　　ㄴ. 철수야, 한복을 입자.

<비격식체> 격식을 덜 차리면서 정감이 있는 상대 높임 표현이다.

(평서)   ㄱ. 영희가 한복을 입어요.

　　　　ㄴ. 영희가 한복을 입어.

(의문) ㄱ. 영희가 한복을 입어요?

ㄴ. 영희가 한복을 입어?

(명령) ㄱ. 영희 씨, 한복을 입어요.

ㄴ. 영희야, 한복을 입어.

(청유) ㄱ. 영희 씨, 우리 함께 한복을 입어요.

ㄴ. 영희야, 우리 함께 한복을 입어.

구개음화

> 규칙 : 끝소리가 'ㄷ, ㅌ'인 말이 모음 'ㅣ'나 'ㅑ, ㅕ, ㅛ, ㅠ'로 시작되는 말(조
> 사·접미사)과 만나면, 'ㄷ'은 'ㅈ'으로 변하고 'ㅌ'은 'ㅊ'이 된다.

① 어근 + 접미사 :

/ㄷ/ → /ㅈ/

• 굳 + 이 [구지]   • 해돋 + 이 [해도지]

• 맏 + 이 [마지]

/ㅌ/ → /ㅊ/

• 같 + 이 [가치]   • 닫 + 히 + 다 [다치다]

• 걷 + 히 + 다 [거치다]

② 체언 + 조사 :

• 밭 + 이 [바치]   • 끝 + 이 [끄치]

• 끝 + 이다 [끄치다]   • 솥 + 이다 [소치다]

7. 비행기를 타러 공항에 갔습니다.

[학습목표]

○ 교통 수단을 이용할 수 있다.

○ 교통 수단과 관련된 어휘를 익힌다.

○ 다음의 문장에 나타난 문법 사항을 이해할 수 있다.

- 길이 복잡했으므로 걸어갔다.
- 직원은 친절하게 길을 가르쳐 주었다.
- 택시를 타면 5분 만에 호텔에 갈 수 있다.
- 태종대에는 관광객들이 많이 찾아온답니다.
- 찬호네 가족은 오늘 태종대로 소풍 가려고 해요.
- 영도까지는 택시로 20분 정도 걸립니다.

기본글

　　미연 씨는 부산의 해운대 부근에 있는 달맞이언덕에서 살고 있습니다. 진주 씨는 미연 씨의 집에 가기 위해서 비행기를 타러 공항에 갔습니다.

　　진주 씨는 오후 2시쯤 김해 공항에 도착해서, 공항 로비에서 미연 씨에게 전화를 했습니다. 미연 씨는 진주 씨에게 공항 버스를 타고 해운대 호텔까지 가서, 거기서 다른 사람에게 달맞이 언덕으로 가는 길을 물어 보라고 했습니다.

　　진주 씨는 해운대 호텔에 도착하자 호텔의 직원에게 길을 물었습니다. 호텔 직원은 진주 씨에게 달맞이언덕까지 가는 길을 친절하게 가르쳐 주었습니다. 그는 해운대 호텔에서 달맞이 고개까지는 걸어서 가면 20분쯤 걸리지만, 택시를 타면 5분 만에 갈 수 있다고 했습니다.

　　그 날은 마침 길이 복잡했으므로, 진주 씨는 해변 도로를 따라 걸어서 달맞이 언덕까지 갔습니다.

기본 어휘

- 부근 : near 附近
- 비행기 : airplane 飞机
- 언덕 : hill 山坡
- 해운대 : Haeundae 海云台
- 직원 : staff 职员
- 택시 : taxi 出租车
- 도로 : road 道路
- 타다 : take 乘坐
- 도착하다 : arrive 到达
- 따르다 : along 根据
- 지금 : now 现在
- 다른 사람 : somebody 别人

- 부산행 : (to) Busan 釜山行
- 공항 : airport 机场
- 달맞이언덕(고개) : Dalmaji hill 迎月坡
- 로비 : lounge 大厅
- 버스 : bus 公车
- 해변 : beach 海边
- 길 : way 路
- 살다 : live 生活(动词)
- 복잡하다 : (be) complicated 夏杂
- 걸리다 : It takes 花(时间)
- 마침 : at that time 正在这时
- 해변 도로 : beach road 海边路

기본

- 도착해서 [도차캐서]
- 직원에게 [지궈네게]

- 물었습니다 [무러씀니다]
- 복잡했으므로 [복짭해쓰므로]

 기본 문법

기본 문법 1 【 -(으)므로 】

> 가. 길이 복잡했으므로 진주 씨는 걸어서 언덕까지 갔다.
>
> 나. 영호는 중학생이므로 교복을 입는다.

연습 1 보기처럼 '-(으)므로'를 넣어서 두 문장을 문장을 하나로 이으세요.

> <보기> [길이 복잡했다] + [진주 씨는 걸어서 언덕까지 갔다]
>
> → 길이 복잡했으므로 진주 씨는 걸어서 언덕까지 갔다.

① [짐이 무거웠다] + [친구와 함께 들었다]

　→ _____.

② [집이 멀다] + [버스를 탄다]

　→ _____.

③ [메이 씨는 매우 바쁘다] + [주말에도 쉬지 못한다]

　→ _____.

④ [딸기는 비싸다] + [사과를 산다]

　→ _____.

⑤ [저 사람은 부자이다] + [비싼 자가용을 타고 다닌다]

　→ _____.

연습 2 보기처럼 두 문장을 하나로 이으세요.

<보기> [날씨가 더웠다] + [사무실에서 에어컨을 틀었다]

　　→ 날씨가 더우므로 사무실에서 에어컨을 틀었다.

　　→ 날씨가 더우니까 사무실에서 에어컨을 틀었다.

　　→ 날씨가 덥기 **때문에** 사무실에서 에어컨을 틀었다.

① [모기가 너무 많았다] + [모기향을 피웠다]

→ _____.

→ _____.

→ _____.

② [택시 요금이 너무 비쌌다] + [버스를 탔다]

→ _____.

→ _____.

→ _____.

③ [결혼식에 손님이 많이 왔다] + [결혼식장이 복잡했다]

→ _____.

→ _____.

→ _____.

④ [바닷물이 너무 차가웠다] + [케네디 씨는 수영을 못 했다]

→ _____.

→ _____.

→ _____.

기본 문법 2 【 -만에 】

> 가. 택시를 타면 5분 만에 호텔에 갈 수 있다.
>
> 나. 브라운 씨와 영희 씨는 결혼한 지 3년 만에 이혼했다.

연습   다음 문장의 빈칸에 '만에'를 넣어서 문장을 완성하세요.

> <보기> 택시를 타면 5분 _____ 호텔에 갈 수 있다.
>
>   → 택시를 타면 5분 만에 호텔에 갈 수 있다.

① 민희 씨는 3년 _____ 어머니를 만났다.

② 라면을 끓인 지 5분 _____ 라면이 다 익었다.

③ 철호 씨는 이 번 일을 이틀 _____ 했다.

④ 감기약을 먹은 지 3일 _____ 감기가 다 나았다.

기본 문법 3 【 -아/어 주다 】

> 가. 호텔 직원은 진주 씨에게 길을 가르쳐 주었다.
>
> 나. 어머니가 아들에게 동화책을 읽어 준다.

연습   다음 문장에 '-아/어 주다'를 넣어서 문장을 완성하세요.

> <보기 1> [호텔 직원은 진주 씨에게 길을 가르치다] - [과거]
>
>   → 호텔 직원은 진주 씨에게 길을 가르쳐 주었다.
>
> <보기 2> [어머니가 아들에게 동화책을 읽다] - [현재]
>
>   → 어머니가 아들에게 동화책을 읽어 준다.

① [선희 씨는 남자 친구에게 김밥을 사다]

  → _____. [과거]

  → _____. [현재]

② [김일수 과장은 영수 씨에게 편지를 쓰다]

  → _____. [과거]

  → _____. [현재]

③ [영수 씨는 여자 친구에게 반지를 만들다]

  → _____. [과거]

  → _____. [현재]

④ [조금만 기다리면 커피를 끓이다]

  → _____. [현재]

  → _____. [미래]

⑤ [학생들이 무거운 가방을 들다]

  → _____. [과거]

  → _____. [현재]

내용 학습

연습 1 기본 글을 읽고 다음 물음에 답하세요.

① 진주 씨는 왜 부산에 갑니까?

답 : _____.

② 진주 씨는 공항에서 호텔까지 무엇을 타고 왔습니까?

답 : _____.

연습 2 진주 씨가 한 일을 순서대로 정리해 보세요.

ㄱ. 김해 공항에 도착해서 미연 씨에게 전화를 걸었다.
ㄴ. 호텔 직원에게 호텔에서 달맞이언덕까지 가는 길을 물었다.
ㄷ. 해운대 호텔까지 버스를 타고 왔다.
ㄹ. 해변 도로를 따라 걸었다.
ㅁ. 달맞이언덕에 도착했다.

[   ] → [   ] → [   ] → [   ] → [   ]

연습 3 다음 문장이 기본 글의 내용과 같으면 '○'를, 다르면 '×'를 표시하세요.

① 진주 씨의 집은 해운대 달맞이언덕에 있다. ----------------------------- [   ]

② 미연 씨는 호텔 직원에게 길을 가르쳐 달라고 했다. ----------------- [   ]

③ 진주 씨는 차비를 아끼려고 해운대 호텔에서 달맞이언덕까지 걸어서 갔다.

----------------- [   ]

④ 해운대 호텔에서 달맞이언덕까지는 택시로 5분 정도 걸립니다.-----[   ]

응 용 글

찬호네 가족은 아버지와 어머니, 그리고 찬호 이렇게 모두 세 식구입니다. 찬호가 아직 태종대에 가 보지 못 했기 때문에 찬호네 가족은 오늘 태종대로 소풍하려고 합니다. 태종대는 부산의 영도에 있는데, 험한 바위 절벽과 푸른 바다를 볼 수 있어서, 해마다 관광객들이 많이 찾아온답니다.

찬호의 집에는 자가용이 없어서, 태종대까지 가려면 지하철이나 버스나 택시를 타야 합니다. 버스는 한 번만 타도 되지만 시간이 많이 걸리는 단점이 있습니다. 반면에 지하철은 버스보다 더 빠르지만 중간에 내려서 다시 버스로 갈아타야 합니다.

택시를 이용하면 지하철이나 버스를 타는 것보다 태종대에 빨리 갈 수 있습니다. 그래서 찬호네 가족은 택시로 태종대에 가려고 합니다. 이제 찬호네 가족이 탄 택시는 부산대교를 건너서 태종대를 향해 달립니다. 부산대교에서 태종대까지 가는 데는 택시로 약 20분 정도 걸린답니다.

 **응용 어휘**

- 영도 : Yeong-Do Island 影島
- 찬호네 : ChanHo's family 灿浩一家
- 절벽 : cliff 峭壁
- 관광객 : tourists 观光游客
- 버스 : bus 公车
- 지하철 : subway 地铁
- 중간에 : at the middle point 中途
- 데 : a case ～的情况
- 푸르다 : blue 蓝色
- 향하다 : head for 朝着
- 해마다 : every year 每年
- 건너다 : cross 过

- 태종대 : Taejongdae 太宗台
- 바위 : rock 岩石
- 바다 : sea 海
- 자가용 : car 汽车
- 택시 : taxi 出租车
- 단점 : demerit 缺点
- 부산대교 : Busan Grand Bridge 釜山大桥
- 험하다 : steep 险峻
- 갈아타다 : transfer 换乘
- 달리다 : run 跑
- 반면에 : on the other hand 每年

응용

- 향해   [향 : 해]
- 때문입니다   [때무님니다]
- 찾아온답니다 [차자온담니다]

- 못 했기 [모태끼]
- 되지만 [되지만/돼지만]

 응용 문법

응용 문법 1 【 -(느)ㄴ답니다 】

> 가. 태종대에는 해마다 관광객들이 많이 찾아온답니다.
>
> 나. 미연 씨는 아침마다 빵과 우유를 먹는답니다.

연습 1   보기처럼 빈칸에 알맞은 말을 넣으세요.

> <보기> [태종대에는 해마다 관광객들이 많이 찾아오다]
>
>   → 태종대에는 해마다 관광객들이 많이 찾아온다고 합니다.
>
>   → 태종대에는 해마다 관광객들이 많이 찾아온답니다.

① [내일부터는 비가 많이 오다]

   → _____.

   → _____.

② [시험이 다음 주로 연기되었다]

   → _____.

   → _____.

③ [날씨가 맑아서 우산이 필요 없다]

   → _____.

   → _____.

④ [중국에서 한국어가 인기가 있다]

→ _____.

→ _____.

응용 문법 2 【 -려고 하다 】

> 가. 찬호네 가족은 오늘 태종대로 소풍 가려고 해요.
>
> 나. 경찰이 도둑을 잡으려고 합니다.

연습 1 보기처럼 빈칸에 '-(으)려고 하다'를 넣어서 문장을 만드세요.

> <보기 1> [찬호네 가족은 오늘 태종대로 소풍 가다] - [해요]
>
>   → 찬호네 가족은 오늘 태종대로 소풍 가려고 해요.
>
> <보기 2> [경찰이 도둑을 잡다]   - [합니다]
>
>   → 경찰이 도둑을 잡으려고 합니다.

① [우리는 이제 경주 박물관으로 출발하다]   - [해요]

  → _____.

② [민수 씨는 고장이 난 컴퓨터를 버리다]   - [합니다]

  → _____.

③ [정희 씨는 업무를 시작하다]   - [해요]

  → _____.

④ [민수 씨는 지금 막 자동차에서 내리다]   - [합니다]

  → _____.

응용 문법 3 【 -로 】

가. 부산대교에서 태종대까지는 택시로 20분 정도 걸립니다.

나. 아주머니는 과일을 칼로 잘랐다.

연습 보기처럼 빈칸에 '-(으)로'를 넣어서 문장을 만드세요.

<보기> 부산대교에서 태종대까지는 택시_____ 20분 정도 걸립니다.

→ 부산대교에서 태종대까지는 택시로 20분 정도 걸립니다.

① 학생들은 낙서를 지우개_____ 지웠다.

② 겨울이 되면 아이들은 눈_____ 눈사람을 만듭니다.

③ 할머니는 큰 수건_____ 과일을 덮었습니다.

④ 부산에서 제주도까지 비행기_____ 몇 분이나 걸리나?

⑤ 경찰관은 도둑을 몽둥이_____ 때렸습니다.

⑥ 부산에서 일본까지 배_____ 가면 5시간 걸립니다.

응용

연습 1 응용 글을 읽고 다음 질문에 답하세요.

① 찬호네 가족이 소풍 장소로 태종대를 선택한 이유는 무엇입니까?

→ _____.

② 관광객들이 태종대를 많이 찾는 이유는 무엇입니까?

→ _____.

③ 찬호네 가족이 택시로 태종대로 가는 이유는 무엇입니까?

→ _____.

연습 2 태종대로 가는 데 이용하는 교통 수단의 장단점을 말해 보세요.

① 지하철 : _____.

② 버 스 : _____.

③ 택 시 : _____.

연습 3 다음 문장이 기본 글의 내용과 같으면 '○'를 표시하고, 다르면 '×'를 표시하세요.

① 찬호네 식구 모두가 태종대에 가는 것은 이번이 처음이다.---------- [   ]

② 찬호네 집에서 태종대까지는 택시로 20분 정도가 걸린다.------------[   ]

③ 버스, 지하철, 택시 중 어느 것을 타도 태종대에 바로 갈 수 있다.

---------------------[   ]

풀어 보기

풀어 보기 1

문제 1　보기처럼 빈칸에 '-(으)므로'를 넣어서 문장을 만드세요.

> <보기> 비가 많이 _____ 집에 일찍 들어가자. [내리다 - 현재]
> → 비가 많이 **내리므로** 집에 일찍 들어가자.

① 철수의 짐이 너무 _____ 우리가 들어 주었다. [무겁다 - 과거]

② 아침부터 물만 _____ 배가 대단히 고프다.　[마시다 - 과거]

③ 부산은 바다가 _____ 여름에 매우 시원하다.　[있다 - 현재]

④ 사람들이 이제 다 _____ 회의를 시작하자.　[모이다 - 과거]

문제 2　보기처럼 빈칸에 '-아/어 주다'를 넣어서 문장을 만드세요.

> <보기> 손님이 찾아 와서 문을 _____. [열다 - 과거]
> → 손님이 찾아 와서 문을 **열어 주었다**.

① 삼촌이 조카들에게 눈사람을 _____.　[만들다 - 과거]

② 민수 씨는 연희 씨에게 돈을 _____.　[빌리다 - 현재]

③ 동생 대신에 숙제를 _____.　[하다 - 과거]

④ 창문이 너무 더러워서 _____.　[닦다 - 과거]

문제 3 보기처럼 '-(느)ㄴ답니다'를 넣어서 문장을 만드세요.

> <보기> [지금 부산에는 비가 정말 많이 온다]
>
> → 지금 부산에는 비가 정말 많이 온답니다.

① [태종대는 절벽이 아름답다]

→ _____.

② [아이들은 숙제를 끝마칠 수 있다]

→ _____.

③ [철호 씨가 미국에서 돌아왔다]

→ _____.

④ [그 여자는 내년에 결혼하겠다]

→ _____.

문제 4 보기처럼 '-(으)려고 하다'를 넣어서 문장을 만드세요.

> <보기 1> [관광객들은 지금 범어사로 떠납니다]
>
> → 관광객들은 지금 범어사로 떠나려고 합니다.
>
> <보기 2> [감이 감나무에서 떨어져요]
>
> → 감이 감나무에서 떨어지려고 해요.

① [아기에게 우유를 먹인다]

→ _____.

② [바람이 부니까 촛불이 꺼집니다]

   → _____.

③ [사인펜의 잉크가 다 떨어집니다]

   → _____.

④ [점심시간이 되니 배가 고파요]

   → _____.

⑤ [오늘 점심에는 김밥을 먹습니다]

   → _____.

풀어 보기 2

문제 1 다음 빈칸에 '만에'를 넣어서 문장을 만드세요.

① 우리는 한 시간 _____ 일을 모두 끝마쳤다.

② 어제 길에서 친구를 10년 _____ 만났다.

③ 김영수 씨는 대학에 입학한 지 3년 _____ 졸업하였다.

④ 한국어를 배운 지 2년 _____ 한국어를 잘 하게 되었다.

문제 2 다음 빈칸에 '-(으)로(써)'를 넣어서 문장을 만드세요.

자동차, 열쇠, 워드프로세서, 수건, 칼

① 이번 과제는 _____(으)로써 작성해야 합니다.

② 아버지께서 _____(으)로써 문을 열었다.

③ 해운대에서 송정까지는 _____(으)로써 10분 정도 걸립니다.

④ 어머니는 배를 _____(으)로써 껍질을 깎는다.

⑤ 세수를 하고 나서 _____(으)로써 얼굴을 닦는다.

풀어 보기 3

문제 1 다음 표현들을 소리나는 대로 적어 보세요.

- 향해   [   ]   - 못 했기   [   ]

- 때문입니다   [   ]   - 되지만   [   ]

- 직원에게   [   ]   - 찾아온답니다 [   ]

- 복잡했으므로 [   ]

더 배우기

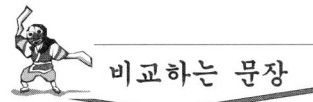 비교하는 문장

> A-보다 B-가 / 를 더 ~

① 철수보다 영수가 더 큽니다.

② 나는 축구보다 야구를 더 잘합니다.

③ 영자 씨는 치마보다 바지를 더 잘 입습니다.

④ 나는 불고기보다 김치가 더 맛있습니다.

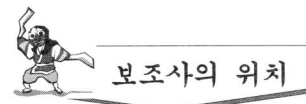 보조사의 위치

> 선생님이 나에게 상을 주신다

[-만]   선생님만 나에게 상을 주신다.

　　　선생님이 나에게만 상을 주신다.

　　　선생님이 나에게 상만 주신다.

[-는]   선생님은 나에게 상을 주신다.

　　　선생님이 나에게는 상을 주신다.

　　　선생님이 나에게 상은 주신다.

[-도]   선생님도 나에게 상을 주신다.

　　　선생님이 나에게도 상을 주신다.

　　　선생님이 나에게 상도 주신다.

자음 동화 1

규칙 1 : 받침 'ㄱ(ㄲ, ㅋ, ㄳ, ㄺ), ㄷ(ㅅ, ㅆ, ㅈ, ㅊ, ㅌ, ㅎ), ㅂ(ㅍ, ㄼ, ㄿ, ㅄ)'은 'ㄴ, ㅁ' 앞에서 [ㅇ, ㄴ, ㅁ]으로 발음한다.

---

① ㄱ→ㅇ : 먹 + 는 → [멍는]　　　　국 + 물 → [궁물]

　　　　　깎 + 는 → [깡는]　　　　키윽 + 만 → [키응만]

　　　　　몫 + 몫 + 이→ [몽목씨]　 긁 + 는 → [긍는]

　　　　　흙 + 만 → [흥만]

② ㄷ→ㄴ : 닫 + 는 → [단는]　　　　짓 + 는 → [진 : 는]

　　　　　옷 + 맵시 → [온맵씨]　　 있 + 는 → [인는]

　　　　　맞 + 는 → [만는]　　　　젖 + 멍울 → [전멍울]

　　　　　쫓 + 는 → [쫀는]　　　　꽃 + 망울 → [꼰망울]

　　　　　붙 + 는 → [분는]　　　　놓 + 는 → [논는]

③ ㅂ→ㅁ : 잡 + 는 → [잠 : 는]　　 밥 + 물 → [밤물]

　　　　　앞 + 마당 → [암마당]　　 밟 + 는 → [밤 : 는]

　　　　　읊 + 는 → [음는]　　　　없 + 는 → [엄 : 는]

　　　　　값 + 매다 → [감매다]

규칙 2 : 두 단어를 이어서 한 마디로 발음하는 경우에도 이와 같다.

　　　　책 넣는다 → [챙넌는다]　　 흙 말리다 → [흥말리다]

　　　　옷 맞추다 → [온마추다]　　 밥 먹는다 → [밤멍는다]

　　　　값 매기다 → [감매기다]

8. 부산은 아름다운 항구 도시입니다.

[학습목표]

○ 여행을 할 수 있다.

○ 여행에 관련된 어휘를 익힌다.

○ 다음의 문장에 나타난 문법 사항을 이해할 수 있다.

- 부산항은 대한민국에서 제일 큰 항구입니다.
- 자갈치 시장은 수산물 시장으로 유명합니다.
- 영화를 좋아하는 수많은 사람들이 부산에서 영화를 봅니다.
- 부산에는 여행할 만한 곳이 많다.
- 송정은 공기가 맑을 뿐만 아니라 경치도 좋다
- 장안사 주변에는 깊은 계곡까지 있다.

기 본 글

부산은 아름답고 큰 항구 도시입니다. 부산항은 대한민국에서 제일 큰 항구이므로 부산항에는 항상 많은 배가 드나들고 있습니다.

자갈치 시장은 수산물 시장으로 유명한데, 여기서는 상인들이 여러 가지 종류의 생선과 회를 팝니다.

자갈치 시장 근처에 있는 남포동에서는 해마다 부산 국제 영화제가 열립니다. 올해도 국제 영화제가 열리면 영화를 좋아하는 수많은 사람들이 남포동에서 영화를 볼 것입니다.

남포동에서 부산대교를 건너자마자 영도가 나옵니다. 영도의 제일 안쪽에 있는 태종대는 높은 절벽과 푸른 바다로 유명합니다.

광안리에는 해수욕장과 광안대교가 있는데, 광안대교는 밤에 보면 정말로 멋있습니다.

여러분 이번 여름에는 부산에 놀러 오십시오. 부산은 여러분을 환영합니다.

기본 어휘

- 부산항 : Busan port 釜山港
- 대한민국 : Korea 大韩民国
- 종류 : kind 种类
- 생선 : fish 鲜鱼
- 근처 : near 附近
- 안쪽 : inside 里面
- 시장 : market 市场
- 유명하다 : famous 有名
- 수많다 : be a lot of~ 大量
- 푸르다 : blue 蓝色
- 환영하다 : welcome 欢迎
- 항상 : always 总是
- 해마다 : every year 每年

- 항구 : port 港口
- 도시 : city 城市
- 수산물 : seafood 海产品
- 회 : raw fish 生鱼片
- 절벽 : cliff 峭壁
- 대교 : grand bridge 大桥
- 드나들다 : come in and out 进进出出
- 열리다 : hold 举行
- 아름답다 : beautiful 美丽
- 멋있다 : great 壮观
- 제일 : the best 最
- 수산물시장 : seafood market 水产品市场

기본 발음

- 종류의   [종 : 뉴의 / 종 : 뉴에]
- 절벽과   [절벽꽈]

- 많은   [마는]
- 멋있습니다 [머딛씀니다 / 머시씀니다]

 **기본 문법**

기본 문법 1 【 제일 】

> 가. 부산항은 대한민국에서 제일 큰 항구이다.
>
> 나. 김영진 씨는 학교에서 가장 힘센 학생이다.

연습 1　보기처럼 빈칸에 '제일, 가장, 최고로'를 넣어서 문장을 만드세요.

> <보기> 부산항은 대한민국에서 _____ 큰 항구이다.
>
> → 부산항은 대한민국에서 **제일** 큰 항구이다.
>
> → 부산항은 대한민국에서 **가장** 큰 항구이다.
>
> → 부산항은 대한민국에서 **최고로** 큰 항구이다.

① 부산에서는 자갈치 시장이 _____ 유명합니다.

② 이 자동차는 한국에서 _____ 비싸다.

③ 비행기는 _____ 빠른 교통수단이다.

④ 어제는 금년 중에서 _____ 추운 날씨였다.

기본 문법 2 【 -(으)로/-(으)로 】

> 가. 자갈치 시장은 수산물 시장으로 유명합니다.
>
> 나. 한국은 김치로 널리 알려졌다.

연습 1   보기처럼 빈칸에 '-(으)로'를 넣어서 문장을 만드세요.

> <보기> 자갈치 시장은 _____ 유명합니다. [수산물 시장]
>
>   → 자갈치 시장은 수산물 시장으로 유명합니다.

① 부산은 한국에서 _____ 유명합니다.   [항구 도시]

② 철수는 씨름 대회에서 1등을 _____ 삼았습니다.   [목표]

③ 우리는 산꼭대기를 _____ 하여 올라갔습니다.   [목적지]

④ 제주도는 _____ 유명합니다.   [관광지]

⑤ 우리 학교는 _____ 널리 알려져 있습니다.   [축구]

응용 문법 3 \ 【 관형어의 겹침 】

> 가. 영화를 좋아하는 수많은 사람들이 남포동에서 영화를 봅니다.
> 나. 장안사는 기장군에 있는 오래된 절이다

연습   보기처럼 두 문장을 이어서 표현해 보세요.

> <보기 1> [영화를 좋아하는 사람들이 남포동에서 영화를 봅니다]
>
>   [수많은 사람들이 남포동에서 영화를 봅니다]
>
>   → 영화를 좋아하는 수많은 사람들이 남포동에서 영화를 봅니다.

① [이것은 진주 씨가 사준 전화이다] + [이것은 예쁜 전화이다]

  → 이것은 _____ 전화이다.

② [김 씨는 우리 동네에 사는 사람이다] + [김 씨는 돈이 많은 사람이다]

  → 김 씨는 _____ 사람이다.

③ [어제 <u>키가 큰</u> 여자가 찾아왔다] + [어제 <u>예쁜</u> 여자가 찾아왔다]

  → 어제 _____ 여자가 찾아왔다.

④ [이 꽃은 <u>향기가 좋은</u> 국화다] + [이 꽃은 <u>노란색</u> 국화다]

  → 이 꽃은 _____ 국화다.

⑤ [토끼는 <u>귀가 큰</u> 짐승이다] + [토끼는 <u>순한</u> 짐승이다]

  → 토끼는 _____ 국화다.

⑥ [소갈비는 <u>영양가가 높은</u> 음식이다] + [소갈비는 <u>좋은</u> 음식이다]

  → 소갈비는 _____ 국화다.

⑦ [부산은 <u>사람이 많이 사는</u> 도시이다] + [부산은 <u>큰</u> 도시이다]

  → 부산은 _____ 도시이다.

 내용 학습

연습 1   기본 글을 읽고 다음 물음에 답하세요.

① 부산항에 배가 항상 많이 드나드는 까닭은 무엇입니까?

답 : _____.

② 자갈치 시장은 주로 무엇을 파는 시장으로 유명합니까?

답 : _____.

③ 태종대의 위치를 설명해 보십시오.

답 : _____.

연습 2   다음 문장이 기본 글의 내용과 같으면 '○'를, 다르면 '×'를 표시하세요.

① 영도의 태종대는 해수욕장으로 유명합니다. -----------------------[   ]

② 부산국제영화제는 해마다 영도에서 열립니다. --------------------[   ]

③ 광안대교는 밤에 보면 대단히 멋있습니다. -----------------------[   ]

연습 3   다음 중 기본 글에서 언급되지 않은 내용을 고르시오.

① 시장   ② 바다   ③ 절   ④ 영화제

응용글

부산에는 해운대, 동백섬, 달맞이언덕, 송정, 장안사 등 여행할 만한 곳이 많다.

해운대 해수욕장에는 대한민국에서 제일 크고 아름다운 백사장이 펼쳐져 있다. 그래서 여름이 되면 해수욕을 하려고 많은 관광객들이 해운대에 모인다.

해운대 해수욕장의 오른편에는 동백섬이 있다. 동백섬 안에는 누리마루가 있는데, 여기서는 크고 작은 국제 행사가 자주 열리고 있다.

달맞이언덕은 해운대 해수욕장의 왼편에 있다. 달맞이언덕에는 소나무가 아주 많고 언덕 아래로 푸른 바다가 펼쳐져 있다.

달맞이언덕의 북쪽에 있는 송정은 해수욕장과 솔밭으로 유명하다. 송정은 공기가 맑을 뿐만 아니라 경치도 좋아서, 주말에는 많은 사람들이 놀러 온다.

장안사는 기장군에 있는 아주 오래된 절이다. 절 주위에는 높은 산과 깊은 계곡까지 있어서 부산 시민들이 자주 찾는다.

응용 어휘

- 섬 : island 島屿
- 해수욕 : swimming (in the sea) 海水浴
- 전국 : the whole country 全国
- 왼편 : to the left of 左边
- 소나무 : pine tree 松树
- 북쪽 : on the north 北边
- 공기 : air 空气
- 절 : temple 寺庙
- 산 : mountain 山
- 시민 : citizen 市民
- 피다 : blossom 盛开
- 펼쳐지다 : unfold 万顷
- 놀다 : play 玩

- 백사장 : sandy beach 沙滩
- 해수욕장 : beach 海水浴场
- 오른편 : on the right side 右边
- 국제 행사 : international festival 国际庆典
- 언덕 : hill 山坡
- 솔밭 : pine grove 松林
- 경치 : scenery 风景
- 주위 : around 周围
- 계곡 : valley 溪涧
- 여행하다 : travel 旅行
- 넓다 : large 宽敞
- 맑다 : clean 清新
- 오래되다 : old 历史悠久

응용 발음

- 동백꽃이   [동백꼬치]
- 솔밭이   [솔바치]
- 찾는다   [찬는다]

- 많고   [만코]
- 맑고   [말꼬]

 응용 문법

응용 문법 1 【 -(으)ㄹ 만하다 】

가. 이 사과는 먹을 만합니다.

나. 부산에는 여행할 만한 곳이 많다.

연습 1 다음 보기처럼 '-(으)ㄹ 만하다'를 넣어서 표현하세요.

<보기 1> [이 사과를 먹다]

→ 이 사과를 먹을 만하다.

→ 이 사과는 먹을 만하다.

<보기 2> [부산에 여행할 곳이 많다.]

→ 부산에 여행할 만한 곳이 많다.

→ 부산에는 여행할 만한 곳이 많다.

① [이 여관에서 잠을 자다]

→ _____.

② [한 달에 한 번쯤 영화를 보다]

→ _____.

③ [이 막걸리를 마시다]

→ _____.

④ [이번 여름에 대구에서 지내다]

→ _____.

응용 문법 2 【 -(으)ㄹ 뿐만 아니라 ; A뿐만 아니라 B도 】

> 가. 송정은 공기가 맑을 뿐만 아니라 경치도 좋다.
>
> 나. 부산뿐만 아니라 마산도 겨울에 따뜻하다.

연습 1   다음의 두 문장을 '-(으)ㄹ 뿐만 아니라'를 넣어서 한 문장으로 이으세요.

> <보기> [송정은 공기가 맑다] + [송정은 경치도 좋다]
>
>   → 송정은 공기가 맑을 **뿐만 아니라** 경치도 좋다.

① [철수는 공부를 잘했다] + [철수는 운동도 잘한다]

  → _____.

② [서울은 한국의 수도이다] + [서울은 한국에서 가장 큰 도시이다]

  → _____.

③ [오늘은 날씨가 무척 덥다] + [오늘은 바람도 많이 분다]

  → _____.

④ [이 라디오는 디자인이 좋다] + [이 라디오는 값도 싸다]

  → _____.

⑤ [철수 씨는 키가 크다] + [철수 씨는 힘도 세다]

  → _____.

연습 2   다음의 빈칸에 '-뿐만 아니라'를 넣어서 문장을 만드세요.

> <보기> [부산은 겨울에 따뜻하다] + [마산도 겨울에 따뜻하다]
>
> → 부산뿐만 아니라 마산도 겨울에 따뜻하다.

① [철수 씨가 시험에 합격했다] + [영수 씨도 시험에 합격했다]

→ _____.

② [여름에는 파리가 많다] + [여름에는 모기도 많다]

→ _____.

③ [한국 사람은 밥을 좋아한다] + [한국 사람은 국수도 좋아한다]

→ _____.

④ [영희 씨는 일본어를 잘한다] + [영희 씨는 영어도 잘한다]

→ _____.

응용 문법 3 【 -까지 】

> 가. 장안사 주변에는 깊은 계곡까지 있다.
>
> 나. 친구 집에서 놀다가 저녁까지 먹고 왔다.

연습 1   다음의 보기처럼 '-까지'를 넣어서 문장을 바꾸세요.

> <보기> [장안사 주변에는 깊은 계곡이 있다]
>
> → 장안사 주변에는 깊은 계곡까지 있다.

① [눈이 내리자 아이들이 나와서 눈을 치웠다]

   → _____.

② [사람들은 배가 고파서 풀을 먹었다]

   → _____.

③ [그 부자는 마을 사람들에게 돈을 주었다]

   → _____.

④ [미치코 씨가 한국말을 잘했다]

   → _____.

⑤ [향숙 씨는 학생들에게 상냥하게 인사를 했다]

   → _____.

⑥ [김민수 씨는 나한테 도와 달라고 전화를 했다]

   → _____.

내용 학습

연습 1 응용 글을 읽고 다음 물음에 답하세요.

① 사람들이 여름에 해운대에 많이 모이는 이유는 무엇입니까?

답 : _____.

② 누리마루는 무엇을 하는 곳입니까?

답 : _____.

③ 많은 사람들이 주말에 송정을 방문하는 이유는 무엇입니까?

답 : _____.

연습 2 다음의 문장이 응용 글의 내용과 같으면 '○'를 표시하고, 다르면 '×'를 표시하세요.

① 해운대 해수욕장의 왼편에는 동백섬이 있습니다.--------------------[   ]

② 송정에는 소나무가 많고 언덕 아래로는 푸른 바다가 보입니다.-[   ]

③ 해운대 주변에는 경치가 아름다운 곳이 많습니다.------------------[   ]

연습 3 응용 글은 무엇에 관한 내용입니까?

① 관광지 소개   ② 지리 안내   ③ 자연 환경 설명   ④ 관광 산업

풀어 보기

풀어 보기 1

문제 1 다음 문장의 빈칸에 적절한 말을 넣어서 문장을 완성하세요.

> 먼저, 똑똑하다, 잘하다, 비싸다, 많은

① 철수 씨가 제일 _____.

② 영미 씨의 자동차가 가장 _____.

③ 인호 씨가 축구를 최고로 _____.

④ 선생님께서 가장 _____ 학교에 도착하셨습니다.

⑤ 돈이 제일 _____ 사람이 누구냐?

문제 2 다음 문장의 빈칸에 적절한 말을 넣어서 문장을 만드세요.

> 목표, 축구, 항구 도시, 중심

① 부산은 _____(으)로 유명하다.

② 브라질은 _____(으)로 잘 알려져 있다.

③ 우리 팀은 우승을 _____(으)로 대회에 참가했다.

④ 학생들은 선생님을 _____(으)로 모였다.

문제 3 아래의 빈칸에 보기처럼 '-까지'를 넣어서 문장을 만드세요.

> <보기> 선생님이 집에 찾아와서 일을 도와주셨다.
>
> → 선생님까지 집에 찾아와서 일을 도와주셨다.

① 아버지가 학교에 와서 도시락을 전해 주셨다.

→ _____.

② 학생들은 배가 고파서 국물을 다 먹어 버렸다.

→ _____.

③ 어린아이들이 힘을 합해서 자동차를 밀었다.

→ _____.

④ 어제는 눈이 와서 길이 막혔다.

→ _____.

풀어 보기 2

문제 1 다음 빈칸에 '-(으)ㄹ 만하다'를 넣어서 문장을 완성하세요.

① 이 운동장은 축구 경기를 _____. [하다]

② 오늘은 일을 _____. [시작하다]

③ 식당의 음식은 _____. [먹다]

④ 선생님께서 _____. [놀라다]

⑤ 학생들이 모두 _____. [달아나다]

문제 2   보기처럼 다음 빈칸에 '-(으)ㄹ 뿐만 아니라'를 넣어서 문장을 만드세요.

> <보기> 바람이 세게 _____ 눈도 많이 내렸다. [불다]
>
> → 바람이 세게 **불 뿐만 아니라** 눈도 많이 내렸다.

① 철수 씨는 말도 _____ 성격도 좋다. [잘하다]

② 이 과자는 맛이 _____ 값도 싸다.   [있다]

③ 아이스크림은 _____ 맛도 좋다.   [시원하다]

④ 사자는 성질이 _____ 사냥도 잘한다. [사납다]

문제 3   보기처럼 다음 빈칸에 '뿐만 아니라'를 넣어서 문장을 만드세요.

> <보기> 선생님께서는 인호_____ 철수한테도 칭찬을 했다.
>
> → 선생님께서는 인호**뿐만 아니라** 철수한테도 칭찬을 했다.

① 철수_____ 영수도 수영을 잘한다.

② 나는 축구_____ 야구도 좋아한다.

③ 미령 씨는 학교에서_____ 집에서도 공부를 열심히 한다.

④ 스즈키 씨는 일본어_____ 중국어도 배우고 있다.

풀어 보기 3

문제 1   다음 보기처럼 문장을 바꾸어서 표현해 보세요.

> <보기> 철수 씨는 [어제 샀다, 멋있다] 옷을 입고 왔다.
>
> → 철수 씨는 **어제 산, 멋있는** 옷을 입고 왔다.

① 미연 씨는 [비싸다, 흰색] 자동차를 구입했다.

→ 미연 씨는 _____ 자동차를 구입했다.

② [진주 씨를 알다, 많다] 사람이 진주 씨를 칭찬했다.

→ _____ 사람이 진주 씨를 칭찬했다.

③ 나는 [어제 읽었다, 재미있다] 책을 오늘 다시 읽는다.

→ 나는 _____ 책을 오늘 다시 읽는다.

④ 나는 [철수 씨가 들고 있다, 크다] 가방을 빼앗았다.

→ 나는 _____ 가방을 빼앗았다.

문제 2 보기처럼 여러 개의 관형어를 이어서 하나의 문장으로 표현하세요.

> <보기> [예쁘다, 날씬하다, 똑똑하다, 착하다]
>
> → 나는 예쁘고 날씬하고 똑똑하고 착한 사람과 결혼하고 싶다.

① [성실하다, 똑똑하다, 재능있다]

→ 리에 씨는 교실에서 제일 _____ 학생이다.

② [활기차다, 시원하다, 아름답다]

→ 부산은 바다가 있어 _____ 도시이다.

풀어 보기 4

문제 1 다음 표현을 소리나는 대로 적으세요.

① 동백꽃이 [   ]   ② 솔밭이 [   ]

③ 맑고 [   ]   ④ 많은 [   ]

⑤ 종류의 [   ]

더 배우기

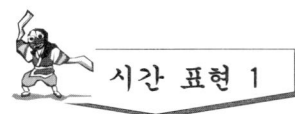
시간 표현 1

[1] 종결형의 '과거, 현재, 미래' 표현

품사	기본형	과 거	현 재	미 래
동 사	먹다	먹었다	먹는다	먹겠다
형용사	맑다	맑았다	맑다	맑겠다

<동 사> ① 나는 이미 밥을 먹었다.   ② 나는 어제 학교에 갔다.

③ 나는 지금 밥을 먹는다.   ④ 나는 오늘 학교에 간다.

⑤ 나는 나중에 밥을 먹겠다.   ⑥ 나는 내일 학교에 가겠다.

<형용사> ① 어제는 날씨가 맑았다.   ② 어제는 날씨가 매우 찼다.

③ 오늘은 날씨가 맑다.   ④ 오늘은 날씨가 매우 차다.

⑤ 내일은 날씨가 맑겠다.   ⑥ 내일은 날씨가 매우 차겠다.

[2] 관형사형의 '과거, 현재, 미래' 표현

품사	기본형	과 거	현 재	미래
동 사	먹다	먹은	먹는	먹을
형용사	맑다	맑던	맑은	-

<동 사> ① 사과를 먹은 사람이 많다.   ② 사과를 산 사람이 많다.

③ 사과를 먹는 사람이 많다.   ④ 사과를 사는 사람이 많다.

⑤ 사과를 먹을 사람이 많다.   ⑥ 사과를 살 사람이 많다.

<형용사> ① 맑던 하늘이 흐려졌다.   ② 푸르던 하늘이 흐려졌다.

③ 맑은 하늘을 보았다.   ④ 푸른 하늘을 보았다.

자음 동화 2

규칙 1: 받침 'ㅁ, ㅇ' 뒤에 연결되는 'ㄹ'은 [ㄴ]으로 발음한다.

- 담 + 력 → [담ː녁]
- 강 + 릉 → [강능]
- 대 + 통 + 령 → [대ː통녕]

- 침 + 략 → [침냑]
- 항 + 로 → [항ː노]

규칙 2 : 받침 'ㄱ, ㅂ' 뒤에 연결되는 'ㄹ'도 [ㄴ]으로 발음한다.

- 막 + 론 → [막논 → 망논]
- 협 + 력 → [협녁 → 혐녁]

- 백 + 리 → [백니 → 뱅니]
- 십 + 리 → [십니 → 심니]

규칙 3 : 'ㄴ'은 'ㄹ'의 앞이나 뒤에서 [ㄹ]로 발음한다.

(1)
- 난 + 로 → [날ː로]
- 천 + 리 → [철리]
- 대 + 관 + 령 → [대ː괄령]

- 신 + 라 → [실라]
- 광 + 한 + 루 → [광ː할루]

(2)
- 칼 + 날 → [칼랄]
- 줄 + 넘 + 기 → [줄럼끼]

- 물 + 난 + 리 → [물랄리]
- 하 + 르 + 는지 → [할른지]

9. 민박집을 빌렸다.

[학습목표]

○ 숙박시설을 예약하고 이용할 수 있다.

○ 숙박과 예약에 관련된 어휘를 익힌다.

○ 다음의 문장에 나타난 문법 사항을 이해할 수 있다.

- 우리 가족은 다대포에 갔었다.

- 우리는 조금 싸게 해 달라고 말했다.

- 그날은 날씨마저 좋았다.

- 사용할 객실의 수와 방의 형태를 입력합니다.

- 세정 씨는 예약에 대한 정보를 입력합니다.

- 세정 씨의 이름하고 주민등록번호를 입력합니다.

기 본 글

우리 가족은 겨울 휴가 때 다대포 해수욕장에 갔었다. 다대포 해수욕장은 낙동강과 바다가 맞닿은 곳이어서 경치가 매우 좋았다.

우리는 다대포에서 여관을 찾다가 빈 객실이 없어서 부근에 있는 민박집에 들렀다. 우리가 찾은 민박집은 새로 지은 집이어서 아주 깨끗할 뿐만 아니라, 민박집 안에는 샤워 시설과 주방 시설을 갖추고 있었다.

우리는 민박집 주인에게 숙박료가 얼마냐고 물어 보았는데, 주인은 하루치 숙박료가 8만 원이라고 했다. 나는 주인에게 숙박료가 너무 비싸니 조금 싸게 해 달라고 말했다. 다행히 주인이 숙박료를 5천 원 깎아 주어서, 우리는 주인에게 7만 5천 원을 주었다. 우리는 숙박료를 지불하자마자 가지고 온 짐을 민박집의 안으로 옮겼다.

그날은 날씨마저 좋아서 우리 가족은 오후에 바닷가를 거닐면서 즐겁게 지냈다.

🔊 기본

- 곳 : place 地方
- 민박 : lodging at a private residence 民宿
- 민박집 : homestay 民宿房
- 부근 : near 附近
- 주방 : kitchen 厨房
- 숙박료 : room rate 住宿费
- 칸 : space 间
- 날씨 : weather 天气
- 찾다(구하다) : look for 寻找
- 들르다 : stop by ~ 顺便去
- 달라다 : ask / request 要求
- 가지다 : have 携带
- 옮기다 : move 移动
- 지내다 : have time 度过

- 휴가 : holidays / vacation 休假
- 여관 : inn 旅馆
- 객실 : rooms 客房
- 샤워 : shower 洗澡
- 시설 : facilities 设备
- 하루치 : for a night 一天量
- 짐 : luggage 行李
- 맞닿다 : meet 相连
- 비다 : (be) empty 空
- 도착하다 : arrive 到达
- 깎다 : discount 讲价
- 지불하다 : pay for 支付
- 거닐다 : stroll along 溜达
- 다행히 : fortunately 幸好

🔊 기본 발음

- 숙박료 [숙빵뇨]
- 옮겼다 [옴겨따]

- 도착하자 [도차카자]
- 바닷가 [바닫까 / 바다까]

 기본 문법

기본 문법 1 【 -었었-/-았었- 】

가. 우리 가족은 작년에 다대포 해수욕장에 갔었다.

나. 현진 씨도 학생 때는 농구선수였었다.

다. 미옥 씨는 어릴 적에 참 예뻤었다.

연습 1 보기처럼 빈칸에 알맞은 말을 넣으세요.

<보기> [우리 가족은 작년에 다대포 해수욕장에 가다]

→ 우리 가족은 작년에 다대포 해수욕장에 갔었다.

① [어머니는 미국에서 3년 동안 살다]

→ _____.

② [나도 대학교 때에 일본어를 공부하다]

→ _____.

③ [민정이가 동생을 어제 때리다]

→ _____.

④ [이곳에는 작년에 꽃이 많이 피다]

→ _____.

⑤ [부산에는 작년에 홍수가 나다]

→ _____.

기본 문법 2 【 -고 】

> 가. 우리는 주인에게 숙박료가 얼마냐고 물어 보았다.
>
> 나. 주인은 숙박료가 8만원이라고 대답했다.
>
> 나. 우리는 주인에게 숙박료를 조금 싸게 해 달라고 말했다.

연습 1   보기처럼 빈칸에 직접 인용문을 간접 인용문으로 바꾸세요.

> <보기 1>   영수 씨가 "우리 집에 돌아가겠다."라고 미령 씨에게 말했다.
>
>   → 영수 씨가 자기 집에 돌아가겠다고 미령 씨에게 말했다.
>
> <보기 2>   우리는 민박집 주인에게 "숙박료가 얼마입니까?"라고 물었다.
>
>   → 우리는 민박집 주인에게 숙박료가 얼마냐고 물었다.

① 철수 씨는 영희 씨에게 "점심은 이미 먹었다."라고 말했다.

  → _____.

② 경찰관은 영수 씨에게 "지갑에 돈이 많이 들어 있습니다?"라고 말했다.

  → _____.

③ 비서가 사장님에게 "언제 서울로 출발하십니까?"라고 물었다.

  → _____.

④ 아버님께서 저에게 "오늘은 학교에 가니?"라고 물으셨다.

  → _____.

연습 2   보기처럼 직접 인용문을 간접 인용문으로 바꾸세요.

> <보기> 주인은 "숙박료가 8만 원입니다."라고 대답했다.
>
>   → 주인은 숙박료가 8만 원<u>이</u>라고 대답했다.('-이다' → '-이라')

① 김소영 씨는 "덩야핑 씨가 중국 사람이다."라고 생각했다.

   → _____.

② 미령 씨는 "오늘은 내 생일이다."라고 말했다.

   → _____.

③ 미애 씨는 "저것은 내 자동차다."라고 말했다.

   → _____.

④ 리에 씨는 "저 사람은 김일동 씨다."라고 말했다.

   → _____.

연습 3   보기처럼 직접 인용문을 간접 인용문으로 만드세요.

> <보기> 우리는 주인에게 "숙박료를 조금 싸게 해 주세요."라고 말했다.
>
>   → 우리는 주인에게 숙박료를 조금 싸게 해 달라고 말했다.

① 영미 씨는 남편에게 "문을 좀 열어 주세요."라고 말했다.

   → _____.

② 선생님은 학생에게 "이 가방을 좀 들어 다오."라고 부탁했다.

   → _____.

③ 선영 씨는 선생님께 "이 수학 문제를 풀어 주세요."라고 했다.

   → _____.

④ 할머니는 철수에게 "이 칼좀 갈아 줘."라고 했다.

→ _____.

기본 문법 3 〉 【 -마저 】

> 가. 그날은 날씨마저 매우 좋았다.
>
> 나. 철수는 애인마저 버리고 미국으로 달아났다.

연습 1   보기처럼 '-마저'를 넣어서 문장을 만드세요.

> <보기> 그날은 날씨가 좋았다.
>
> → 그날은 날씨마저 좋았다.

① 미연 씨는 배탈이 나서 고생했다.

→ _____.

② 학생들은 숟가락을 가져 오지 않았다.

→ _____.

③ 날씨가 매우 더운데 에어컨이 고장이 났다.

→ _____.

④ 영호 씨가 회의에 참석하지 않았다.

→ _____.

④ 수련 씨는 어제 감기에 걸려서 학교에 가지 않았다.

→ _____.

🐚 **내용 학습**

연습 1 기본 글을 읽고 다음 물음에 대답하세요.

① '우리'는 왜 민박집에서 숙박하였습니까?

답 : _____.

② '우리'가 찾은 민박집은 어떠했습니까?

답 : _____.

③ '우리'가 숙박료를 지불하고 나서 한 일을 설명하세요.

답 : _____.

  _____.

연습 2 다음의 문장이 기본 글의 내용과 같으면 '○'를 표시하고, 다르면 '×'를 표시하세요.

① 우리 가족은 민박을 예약하고 다대포로 출발했다. ----------------- [   ]

② 다대포 해수욕장은 물이 맑고 백사장이 아주 넓었습니다.-------- [   ]

③ 민박집의 숙박료가 너무 비싸서 주인에게 깎아 달라고 했다.----[   ]

④ '나'의 가족은 민박집의 방에 짐을 풀고 나서 산책을 했다. -----[   ]

연습 3 다음 중 기본 읽기에서 언급되지 않은 내용을 고르시오.

① 민박 집의 숙박료   ② 다대포 해수욕장의 경치

③ 민박 집의 시설   ④ 민박 집의 위치

응용 읽기

세정 씨 부부는 여름휴가 때에 제주도에 가려고 합니다. 세정 씨는 제주도 여행 계획을 다음과 같이 짰습니다.

- 목적지 : 제주도
- 기   간 : 2006년 8월 10일부터 8월 12일까지(2박 3일)
- 숙박지 : 제주도 그랜드호텔
- 일   행 : 세정 씨의 남편과 아들
- 객   실 : 온돌방 1실

세정 씨는 인터넷을 이용하여 호텔을 예약하려고, 제주도 그랜드 호텔의 홈페이지에 접속하였습니다. 세정 씨는 홈페이지의 예약 메뉴에서 예약에 대한 내용을 입력하였습니다.

먼저 예약자인 세정 씨의 이름하고 주민등록번호를 입력합니다. 그 다음에는 주소랑 전화번호를 입력합니다. 주소와 전화번호를 입력하고 나면 입실 일자와 퇴실 일자를 입력합니다. 끝으로 사용할 객실의 수와 방의 형태를 입력합니다. 이처럼 예약에 대한 모든 정보를 입력하고 나면 확인 버튼을 눌러서 예약을 끝마칩니다.

요즘은 컴퓨터와 인터넷이 날이 갈수록 발달해서, 여러 가지 일을 편리하게 처리할 수 있습니다.

응용

- 부부 : husband and wife (a couple) 夫妇
- 여행 : trip 旅行
- 목적지 : destination 目的地
- 숙박지 : lodging place 投宿地
- 온돌방 : a room with in floor heating 炕房
- 홈페이지 : homepage 主页
- 예약자 : someone who reserved a room 预约者
- 메뉴 : menu 菜单
- 입실 : check in 入住
- 일자 : date 日期
- 수 : number 数(名词)
- 컴퓨터 : computer 电脑
- 예약하다 : reserve 预约(动词)
- 입력하다 : enter 输入
- 대하다(~에 대한) : about 对于
- 처리하다 : deal with 处理

- 여름휴가 : summer vacation 夏季休假
- 계획 : schedule 计划
- 기간 : period 期间
- 일행 : other Persons 同行者
- 객실 : room type 客房
- 예약 : reservation 预约(名词)
- 주민등록번호 : ID number 身份证号
- 내용 : information 内容
- 퇴실 : check-out 退房
- 형태 : type 类型
- 버튼 : button 按键
- 인터넷 : internet 互联网
- 접속하다 : access (网络) 连接
- 이용하다 : use 使用
- 요즘 : nowadays 近来
- 계획을 짜다 : plan 制定计划

 응용 발음

- 이렇게   [이러케]
- 입력합니다   [임녀캄니다]
- 2006년   [이ː천 융·년]
- 끝마칩니다   [끈마침니다]

응용 문법

응용 문법 1 【 –과(와), –(하)고, –(이)랑 】

> 가. 객실의 수와 방의 형태를 입력합니다.
>
> 나. 이름하고 주민등록번호를 입력합니다.
>
> 다. 주소랑 전화번호를 입력합니다.

연습 1   보기처럼 단어나 구를 '와/과, –하고, –(이)랑'을 사용하여 이으세요.

> <보기> 세정 씨는 {[객실의 수]+[방의 형태]}를 입력합니다.
>
>   → 세정 씨는 객실의 수와 방의 형태를 입력합니다.
>
>   → 세정 씨는 객실의 수하고 방의 형태를 입력합니다.
>
>   → 세정 씨는 객실의 수랑 방의 형태를 입력합니다.

① 나는 매일 {[빵]+[우유]}를 먹는다

   → _____.

   → _____.

   → _____.

② 어머니는 { [셔츠] + [바지] + [손수건] }을 빨았다.

→ _____.

→ _____.

→ _____.

③ { [철수] + [다나카] + [린다] }가 체육관에서 운동하고 있다.

→ _____.

→ _____.

→ _____.

응용 문법 2 【 -에 대한/관한 】

가. 세정 씨는 예약에 **대한** 내용을 입력하였다.

나. 김 선생님은 영화에 **관한** 정보를 찾아보았다.

연습 1   보기처럼 빈칸에 '-에 대한/관한'을 넣어서 문장을 만드세요.

<보기> 세정 씨는 예약_____ 내용을 입력하였다.

→ 세정 씨는 **예약에 대한** 내용을 입력하였다.

→ 세정 씨는 **예약에 관한** 내용을 입력하였다.

① 진순 씨는 서점에서 등산_____ 책을 구입했다.

② 브라운 씨는 한국의 음식_____ 기사를 읽었다.

③ 철수 씨는 정치_____ 뉴스는 잘 보지 않는다.

④ 우리 은행에서는 고객_____ 정보를 공개하지 않습니다.

응용 문법 3 【 -(으)ㄹ수록 】

> 가. 날이 갈수록 컴퓨터와 인터넷이 발달합니다.
>
> 나. 날씨가 더울수록 얼음과자가 잘 팔린다.

연습 1 보기처럼 '-(으)ㄹ수록'을 넣어서 문장을 만드세요.

> <보기> [날이 가다] + [컴퓨터와 인터넷이 발달합니다]
>
>   → 날이 갈수록 컴퓨터와 인터넷이 발달합니다.

① [밥을 먹다] + [배가 불러지다]

  → _____.

② [한국어의 공부를 열심히 하다] + [한국어의 실력이 향상될 것이다]

  → _____.

③ [옷을 많이 입다] + [몸이 따뜻해집니다]

  → _____.

④ [아이에게 야단을 많이 치다] + [아이의 성격이 나빠진다]

  → _____.

⑤ [여름이 가까워지다] + [날씨가 점점 더워진다]

  → _____.

⑥ [산에 높이 올라가다] + [공기가 점점 희박해진다]

  → _____.

응용 문법 4 【 ~ 박 ~ 일 】

가. 8월 10일부터 8월 12일까지(2박 3일)

나. 7월 3일부터 7월 10일까지(7박 8일)

문제   다음 기간을 보기처럼 '~박 ~일'로 바꾸어 표현 보세요.

> <보기> 7월 17일 ~ 7월 20일 → 3박 4일

① 5월 10일 ~ 5월 11일

    → _____박 _____일

② 3월 16일 ~ 3월 21일

    → _____박 _____일

③ 9월 31일 ~ 10월 2일

    → _____박 _____일

④ 11월 5일 ~ 11월 16일

    → _____박 _____일

 용

연습 1   응용 글을 읽고 물음에 답하세요.

① 세정 씨 부부는 어떤 방식으로 호텔을 예약했습니까?

답 : _____.

② 컴퓨터와 인터넷이 발달해서 좋아진 점은 무엇입니까?

답 : _____.

연습 2   다음의 문장이 응용 글의 내용과 같으면 '○'를 표시하고, 다르면 '×'을 표시하세요.

① 세정 씨는 인터넷으로 호텔 이용을 예약했다. ---------------------- [   ]

② 세정 씨 부부는 침대 방에 객실 1실을 예약했다. ------------------- [   ]

③ 세정 씨 부부는 신혼 여행지로 제주도를 선택했다. --------------- [   ]

④ 호텔 예약이 끝나고 나면 숙박료를 지불해야 합니다. ------------- [   ]

연습 3   세정 씨 부부가 인터넷으로 호텔을 예약한 순서대로 보기 속의 문장을 나열하세요.

<보기> ① 예약자의 주소와 전화번호를 입력한다.

② 그랜드호텔의 홈페이지에 접속한다.

③ 호텔의 입실 일자와 퇴실 일자를 입력한다.

④ 확인 버튼을 누른다.

⑤ 호텔 홈페이지의 예약 메뉴를 클릭한다.

⑥ 호텔 객실의 수와 방의 형태를 입력한다.

⑦ 예약자의 이름과 주민등록번호를 입력한다.

[   ] → [   ] → [   ] → [   ] → [   ] → [   ] → [   ]

풀어 보기

풀어 보기 1

문제 1 다음 문장의 서술어에 '-았었-/-었었-'를 넣어서 표현해 보세요.

> <보기> [우리는 작년에 6개월 동안 미국에서 살았다]
>
> → 우리는 작년에 6개월 동안 미국에서 살았었다.

① [아버지께서는 젊을 때 축구 선수였다]

→ _____.

② [김영자 씨는 음악회에서 노래를 불렀다]

→ _____.

③ [저 산에는 작년에는 꽃이 많이 피었다]

→ _____.

④ [우리 팀이 저번 대회에서 우승했다]

→ _____.

문제 2 보기처럼 직접 인용문을 간접 인용문으로 바꾸어서 표현해 보세요.

> <보기 1> 제인은 "내일 영화관에서 스미스 씨를 만나요."라고 했다.
>
> → 제인은 내일 영화관에서 스미스 씨를 만난다고 했다.
>
> <보기 2> 나벼리 씨는 "비는 그쳤습니까?"라고 물었다.
>
> → 나벼리 씨는 비는 그쳤느냐고 물었다.

<보기 3>　아주머니는 철수 씨에게 "방으로 들어오너라."라고 말했다.

　　　→ 아주머니는 철수 씨에게 **방으로 들어오라고** 말했다.

① 아나운서가 "내일은 비가 내립니다."라고 말했다.

　→ 아나운서가 ＿＿＿＿＿＿＿＿＿＿＿＿＿＿＿＿＿고 말했다.

② 그 남자는 "수업이 언제 시작해요?" 물었다.

　→ 그 남자는 ＿＿＿＿＿＿＿＿＿＿＿＿＿＿＿＿＿고 했다.

③ 어머니께서는 나에게 "편지를 우체통에 넣어 다오."라고 부탁하셨다.

　→ 어머니께서 나에게 ＿＿＿＿＿＿＿＿＿＿＿＿＿＿＿고 부탁하셨다.

④ 김미령 씨는 "오늘은 무척 더워요."라고 말했다.

　→ 김미령 씨는 ＿＿＿＿＿＿＿＿＿＿＿＿＿＿＿＿고 말했다.

⑤ 스즈키 씨는 나에게 "점심은 먹었어요?"라고 물었다.

　→ 스즈키 씨는 나에게 ＿＿＿＿＿＿＿＿＿＿＿＿＿＿고 물었다.

⑥ 루이 씨는 우리에게 "어서 출발하세요."라고 명령했다.

　→ 루이 씨는 우리에게 ＿＿＿＿＿＿＿＿＿＿＿＿＿＿고 명령했다.

문제 3　글상자 속의 단어에 '-(으)ㄹ수록'을 넣어서 아래의 문장을 완성해 보세요.

많다, 작다, 덥다, 적다, 높다, 춥다, 낮다, 크다

① 키가 ＿＿＿＿＿＿＿ 농구를 잘 할 수 있다.

② 돈이 ＿＿＿＿＿＿＿ 물건을 더 많이 살 수 있다.

③ 날씨가 ＿＿＿＿＿＿＿ 아이스크림을 많이 먹는다.

④ 기온이 ＿＿＿＿＿＿＿ 얼음을 만들기 쉽다.

풀어 보기 2

문제 1 '-와/과, -(이)랑, -하고' 등의 접속 조사를 이용하여 문장을 만드세요.

① 교실 안에는 칠판_____, 책상_____, 의자가 있습니다.

② 린다 씨는 영어_____, 한국어_____, 일본어를 할 수 있습니다.

③ 경주에는 불국사 _____, 석굴암_____, 첨성대가 있습니다.

문제 2 다음 보기와 같이 아래의 문장에 '-에 관한/대한'을 넣어서 문장을 만드세요.

> <보기> 철수 씨는 도서관에서 책을 읽었다.   [수학]
>
>   → 철수 씨는 도서관에서 수학에 대한 책을 읽었다.

① 어머니께서는 신문에서 글을 자주 읽는다.   [요리]

  → _____.

② 브라운 씨는 인터넷에서 **정보**를 찾고 있습니다.   [한국 문화]

  → _____.

③ 김일동 씨는 지난해에 글을 지었다.   [건강]

  → _____.

④ 저는 일본 잡지에서 기사를 자주 보았다.   [배용준 씨]

  → _____.

문제 3   보기처럼 '-마저'를 넣어서 표현해 보세요.

<보기> 비가 오다가 바람이 불고 이제는 눈이 내린다.

→ 비가 오다가 바람이 불고 이제는 눈마저 내린다.

① 김철수 씨가 나를 비난했다.

→ _____.

② 여행객들은 돈도 잃어버리고 먹을 것이 다 떨어졌다.

→ _____.

③ 순호 씨는 공부뿐만 아니라 노래를 못한다.

→ _____.

④ 눈이 내리고 날씨가 매우 추운데, 전기가 나갔다.

→ _____.

풀어 보기 3

문제 1   다음 표현을 소리나는 대로 적으세요.

① 2006년 7월 25일   [   ]

② 입력합니다   [   ]

③ 옮겼다   [   ]

④ 끝마칩니다   [   ]

더 배우기

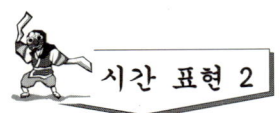 시간 표현 2

[1] 종결형의 회상 표현

품사	기본형	과거 회상	현재 회상	미래 회상
동 사	먹다	먹었더라	먹더라	먹겠더라
형용사	맑다	맑았더라	맑더라	맑겠더라

<동 사> ① (점심때 보니까) 철수가 밥을 이미 먹었더라.

② (점심때 보니까) 철수가 식당에서 밥을 먹더라.

③ (점심때 보니까) 철수가 밥을 먹겠더라.

<형용사> ① (점심때 알아보니까) 어제는 날씨가 맑았더라.

② (점심때 보니까) 날씨가 맑더라.

③ (점심때 보니까) 내일은 날씨가 맑겠더라.

[2] 관형사형의 회상 표현

품사	기본형	과거 회상	현재 회상	미래 회상
동 사	먹다	먹었던	먹던	-
형용사	맑다	맑았던	맑던	-

<동 사> ① 철수가 먹었던 음식을 우리도 먹었다.

② 철수가 먹던 빵을 우리에게 주었다.

<형용사> ① 맑았던 하늘에 갑자기 구름이 꼈다.

② 맑던 하늘에 갑자기 구름이 꼈다.

규칙 1: 받침 'ㄱ(ㄲ, ㅋ, ㄳ, ㄺ), ㄷ(ㅅ, ㅆ, ㅈ, ㅊ, ㅌ), ㅂ(ㅍ, ㄼ, ㄿ, ㅄ)'
　　　　뒤에 연결되는 'ㄱ, ㄷ, ㅂ, ㅅ, ㅈ'은 된소리로 발음한다.

① ㄱ → ㄲ :　• 옷고름　[옫꼬름]　　• 꽂고　　[꼳꼬]

　　　　　　• 덮개　　[덥깨]　　　• 밭갈이　[받까리]

② ㄷ → ㄸ :　• 깎다　　[깍따]　　　• 샀돈　　[삭똔]

　　　　　　• 뻗대다　[뻗때다]　　• 있던　　[읻떤]

　　　　　　• 꽃다발　[꼳따발]　　• 곱돌　　[곱똘]

③ ㅂ → ㅃ :　• 국밥　　[국빱]　　　• 넋받이　[넉빠지]

　　　　　　• 칩범　　[칙뺌]

④ ㅅ → ㅆ :　• 낯설다　[낟썰다]

⑤ ㅈ → ㅉ :　• 닭장　　[닥짱]　　　• 솥전　　[솓쩐]

　　　　　　• 옆집　　[엽찝]　　　• 넓죽하다 [넙쭈카다]

　　　　　　• 읊조리다 [읍쪼리다]　• 값지다　[갑찌다]

규칙 2: 어간 받침 'ㄴ(ㄵ), ㅁ(ㄻ)' 뒤에 결합되는 어미의 첫소리 'ㄱ, ㄷ, ㅅ,
　　　　ㅈ'은 된소리로 발음한다.

① ㄱ → ㄲ :　• 신고　　[신 : 꼬]　　• 앉고 [안꼬]

　　　　　　• 담고 → [담꼬]

② ㄷ → ㄸ :　• 껴안다　[껴안따]　　• 얹다 [언따]

③ ㅅ → ㅆ :　• 감소　　[감쏘]

④ ㅈ → ㅉ :　• 더듬지　[더듬찌]　　• 젊지 [점찌]

10. 대한민국은 사계절이 뚜렷합니다.

[학습목표]

○ 날씨와 관련된 표현을 할 수 있다.

○ 날씨와 계절에 관련된 어휘를 익힌다.

○ 다음의 문장에 나타난 문법 사항을 이해할 수 있다.

• 봄에는 꽃샘바람이 불기도 합니다.

• 겨울에는 날씨가 춥기는 합니다.

• 겨울에는 날씨가 늘 추운 것은 아닙니다.

• 아버지께서 논에서 열심히 일을 하신다.

기 본 글

대한민국은 봄, 여름, 가을, 겨울 사계절이 뚜렷합니다.

봄 날씨는 따뜻하여 벚꽃, 개나리, 진달래 등 많은 꽃이 핍니다. 그리고 봄바람은 겨울에 언 냇물을 녹여서 흐르게 합니다. 그러나 때때로 꽃샘바람이 불어서 갑자기 날씨가 다시 추워지기도 합니다.

여름은 기온이 높고 습기가 많습니다. 여름에는 장마 때문에 비가 많이 오고 태풍이 불어서 홍수가 나기도 합니다. 여름이 되면 사람들이 직장에서 휴가를 얻어서 가족과 함께 바다와 산으로 여행합니다.

가을이 되면 날씨가 선선해지고 맑은 날씨가 계속됩니다. 가을에는 높고 푸른 하늘을 자주 볼 수 있고, 산에는 단풍이 아름답게 듭니다. 그리고 맑은 날이 많아서 과일과 곡식이 잘 익습니다.

겨울에는 차고 건조한 날씨가 계속되고 눈이 내립니다. 그러나 겨울 날씨가 늘 추운 것은 아니어서 사흘은 춥고 나흘은 따뜻합니다. 겨울에 눈이 내리면 눈사람도 만들고 눈싸움도 할 수 있습니다.

대한민국은 사계절 내내 산과 들이 아름답습니다.

기본 어휘

- 사계절 : four seasons 四季
- 봄바람 : spring breezes 春风
- 벚꽃 : cherry blossom 樱花
- 진달래 : azalea 映山红
- 냇물 : stream 溪水
- 눈싸움 : snowball 雪仗
- 꽃샘바람 : chill breeze 春寒风
- 습기 : humidity 湿气
- 비 : rain 鱼
- 홍수 : flood 洪水
- 곡식 : grain 谷物
- 얼다 : freeze 结冰
- 추워지다 : get cold 变冷
- 차다 : cold 凉
- 건조하다 : dry 干燥
- 뚜렷하다 : (be) clear 鲜明
- 간혹 : occasionally 偶尔

- 날씨 : weather 天气
- 눈 : snow 雪
- 개나리 : forsythia 狗尾巴草
- 꽃 : flower 花
- 눈사람 : snowman 雪人
- 강물 : river water 江水
- 기온 : temperature 气温
- 장마 : the rainy season 梅雨
- 태풍 : typhoon 台风
- 과일 : fruit 水果
- 단풍 : maple 枫叶
- 녹이다 : melt 溶解
- 익다 : become ripe 熟
- 선선해지다 : become cool 变凉爽
- 불다 : blow 刮(风)
- 내내 : all the time 一直
- 갑자기 : suddenly 突然

- 삼한사온 : a cycle of three cold days and four warm days 三寒四暖

- 꽃샘바람 [꼳쌤바람 / 꼬쌤바람]   • 따뜻합니다 [따뜯탑니다 / 따뜨탐니다]
- 익습니다 [익씀니다]   • 눈사람   [눈 : 싸람]

기본 문법 1 【 -기도 하다 】

> 가. 봄에는 꽃샘바람이 불기도 합니다.
>
> 나. 태풍이 불어서 홍수가 나기도 했다.

연습 1 보기처럼 빈칸에 '-기도 하다'를 넣어서 문장을 만드세요.

> <보기 1> [봄에는 꽃샘바람이 분다]
>
> → 봄에는 꽃샘바람이 불기도 한다.
>
> <보기 2> [태풍이 불어서 홍수가 났다]
>
> → 태풍이 불어서 홍수가 나기도 했다.

① [미연 씨는 가끔 치마를 입는다]

 → _____.

② [아버지는 지하철로 회사에 출근했다]

 → _____.

③ [진우 씨는 종종 테니스를 친다]

 → _____.

④ [어머니는 아버지와 싸웠다]

  → _____.

⑤ [공부를 하다가 졸았다]

  → _____.

기본 문법 2 【 -(으/느)ㄴ 것은 아니다 】

가. 겨울 날씨가 늘 추운 것은 아니다.
나. 아직 숙제를 다 한 것은 아니다.

연습 1   보기처럼 빈칸에 '-(으/느)ㄴ 것은 아니다'를 넣어서 문장을 만드세요.

> <보기> [겨울 날씨가 늘 춥다]
>
>   → 겨울 날씨가 늘 추운 것은 아니다.

① [브라운 씨는 테니스를 매일 한다]

  → _____.

② [케리 씨가 완전히 망했다]

  → _____.

③ [한국 영화가 모두 재미있다]

  → _____.

④ [철수 씨가 시험을 치면 늘 일등을 한다]

  → _____.

⑤ [벼리 씨는 아침에 항상 일찍 일어난다]

  → _____.

연습 1   기본 글을 읽고 다음의 물음에 답하세요.

① 꽃샘바람이 불면 날씨가 어떻게 됩니까?

   답 : _____.

② 여름의 날씨는 어떠합니까?

   답 : _____.

③ 겨울의 날씨는 어떠합니까?

   답 : _____.

연습 2   다음의 문장이 기본 글의 내용과 같으면 'O'를 표시하고, 다르면 'X'를
         표시하세요.

① 봄에는 꽃샘바람이 불어서 날씨가 갑자기 따뜻해집니다.---------- [   ]

② 겨울에는 추운 날씨가 계속됩니다. ------------------------------- [   ]

③ 여름에는 장마와 홍수가 계속되어 사람들이 더위를 피해서 외국으로 놀러

   갑니다. --- [   ]

④ 봄에는 날씨가 따뜻해서 과일과 곡식이 잘 익습니다. ------------ [   ]

응용 읽기

　지금부터 여러분에게 한국의 가을에 대하여 소개하겠습니다. 한국에서는 보통 9월, 10월, 11월이 가을철입니다.

　초가을이 되면 날씨가 맑고 하늘이 매우 푸릅니다. 기온은 영상 20℃ 내외가 되고 습도도 내려가서, 사람들의 기분이 매우 상쾌하게 됩니다.

　시골의 논에서는 벼가 누렇게 익어 갑니다. 농부들은 익은 벼를 수확하기 위해서 논에서 열심히 일합니다. 감나무와 밤나무에는 열매가 주렁주렁 달려서 익고 있습니다.

　늦가을이 되면 숲과 계곡에는 울긋불긋하게 단풍이 들고, 산골짜기에서 흘러내리는 시냇물은 점점 차가워집니다. 머지않아 겨울이 되면, 기온이 영하로 떨어지고 산과 들이 눈으로 하얗게 되기도 합니다.

　여러분 이번 가을에는 꼭 한번 한국에서 여행해 보세요. 여러분은 한국에서 정말로 멋진 경험을 할 수 있을 겁니다.

응용 어휘

- 초가을 : the beginning of autumn 初秋
- 영상 : above zero 零上
- 습도 : humidity 湿度
- 시골 : the country 乡村
- 논 : rice field 田野
- 감나무 : persimmon tree 柿子树
- 열매 : fruit 果实
- 숲 : forest 丛林
- 시냇물 : stream 溪水
- 경험 : experience 经验
- 내려가다 : go down 下去
- 누렇다 : yellow 金黄
- 울긋불긋하다 : be in various colors 花花绿绿
- 익다 : become ripe (ripen) 熟
- 하얗다 : white 雪白
- 변하다 : change 变
- 멋지다 : nice 有意思
- 주렁주렁 : in full fruit 硕果累累

- 가을철 : autumn 秋季
- 내외 : in and out 左右
- 기분 : feeling 心情
- 농부 : farmer 农民
- 벼 : rice plant 水稻
- 밤나무 : chestnut tree 栗子树
- 들 : field 田野
- 산골짜기 : gorge 山沟
- 영하 : below zero 零下
- 소개하다 : introduce 介绍
- 상쾌하다 : feel refreshed 爽快
- 머지않아 : soon 指日可待
- 흘러내리다 : fall down 流淌下来
- 수확하다 : yield 收获
- 단풍이 들다 : turn red 枫叶变红
- 차가워지다 : get cold 变凉
- 보통 : usually 一般

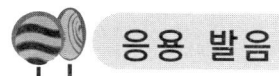 응용 발음

- 10월 　　　　　[시월]
- 20℃ 　　[이 : 십또 시]
- 산골짜기 　　　[산꼴짜기]
- 시냇물 　[시 : 낸물]
- 울긋불긋하게 [울근뿔근타게]

 응용 문법

응용 문법 1 【 -게 되다 】

> 가. 가을에는 기분이 상쾌하게 **됩니다.**
>
> 나. 겨울에는 눈으로 산과 들이 하얗게 **됩니다.**

연습　　보기처럼 '-게 되다'를 넣어서 문장을 만드세요.

> <보기 1>　[가을에는 기분이 상쾌하다]
>
> 　　　　→ 가을에는 기분이 상쾌하게 됩니다.
>
> <보기 2>　[김밥이 맛이 있어서 과식했다]
>
> 　　　　→ 김밥이 맛이 있어서 과식하게 되었다.

① [철수 씨는 돈을 많이 벌었다]

　　→ _____.

② [현정 씨는 마침내 대학을 졸업하였다]

　　→ _____.

③ [죄수는 잡혀서 감옥에 갇혔다]

  → _____.

④ [영희 씨는 혼자서 무거운 짐을 들었다]

  → _____.

응용 문법 2 【 -어 가다 】

> 가. 논에서는 벼가 누렇게 익어 갑니다.
>
> 나. 이제 밥을 다 먹어 갑니다.

연습 보기처럼 '-어 가다'를 넣어서 문장을 만드세요.

> <보기> [논에서는 벼가 누렇게 익습니다]
>
>   → 논에서는 벼가 누렇게 익어 갑니다.

① [보일러를 끄자 방이 차차로 식었다]

  → _____.

② [저는 이제 숙제를 다 끝마칩니다]

  → _____.

③ [이제 밥이 거의 다 되었다]

  → _____.

④ [산꼭대기에 거의 다 왔다]

  → _____.

 **내용 학습**

연습 1   응용 글을 읽고 다음 물음에 대답하세요.

① 가을은 보통 몇 월부터 몇 월까지입니까?

답 : _____.

② 초가을의 날씨를 설명해 보세요.

답 : _____.

③ 겨울이 되면 날씨는 어떻게 변합니까?

답 : _____.

④ 늦가을의 자연 풍경을 설명해 보세요.

답 : _____.

연습 2   다음의 문장이 응용 글의 내용과 같으면 '○'를 표시하고, 다르면 '×'를 표
         시하세요.

① 가을 날씨는 기온이 영상 20℃ 정도이고 습도도 적당해서 쾌적하다.

         --- [   ]

② 농부들은 벼를 팔기 위해 논에서 일합니다. ------------------------ [   ]

③ 늦가을이 되면 산골짜기의 시냇물은 점점 얼기 시작합니다.----- [   ]

④ 초가을에는 감나무와 밤나무에 열매가 많이 열립니다.------------ [   ]

풀어 보기

풀어 보기 1

문제 1 보기처럼 '-기도 하다'를 넣어서 문장을 만드세요.

> <보기> [제인은 주말에는 영화관에서 한국영화를 본다]
>
> → 제인은 주말에는 영화관에서 한국영화를 보기도 한다.

① [가을에는 잠깐 소나기가 내린다]

→ _____.

② [휴일이 되면 고향의 부모님께 안부 전화를 한다]

→ _____.

③ [우리 식구는 일요일 아침에는 늦잠을 잔다]

→ _____.

④ [린다 씨는 사무실에서는 정장을 입는다]

→ _____.

⑤ [할아버지께서는 명절이 되면 만두를 드셨다]

→ _____.

문제 2   보기처럼 빈칸에 '-은/-는/-ㄴ 것은 아니다'를 넣어서 문장을 만드세요.

> <보기 1>   [미호 씨가 미령 씨를 미워한다]
>
>   → 미호 씨가 미령 씨를 미워하는 것은 아니다.
>
> <보기 2>   [형이 동생을 항상 칭찬한다]
>
>   → 형이 동생을 항상 칭찬하는 것은 아니다.

① [김 선생님은 매일 아침에 테니스를 한다]

  → _____.

② [한국의 휴대전화가 모두 성능이 좋다]

  → _____.

③ [영희 씨가 술을 제일 많이 마셨다]

  → _____.

④ [정경숙 씨는 매일 저녁 헬스장에서 운동을 했다]

  → _____.

풀어 보기 2

문제 1   보기처럼 빈칸에 '-게 되다'를 넣어서 문장을 만드세요.

> <보기> 나는 일을 마치고 집으로 갔다.
>
>   → 나는 일을 마치고 집으로 가게 되었다.

① [선희 씨는 내년에 유학을 마치고 미국에 간다]

  → _____.

② [민호 씨는 어제 병원에서 퇴원했다]

→ _____.

③ [우리 가족은 이번 휴가 동안에 돈을 많이 썼다]

→ _____.

④ [영수 씨는 이번에 대학에 입학하였다]

→ _____.

⑤ [텔레비전이 고장나서 우리는 이웃집에서 축구 경기를 보았다]

→ _____.

문제 2   보기처럼 빈칸에 '-아/어 가다'를 넣어서 문장을 만드세요.

> <보기> 여름이 되자 호수에 물이 말랐다.
>
> → 여름이 되자 호수에 물이 **말라** 갔다.

① [물통에 물이 다 찬다]

→ _____.

② [전쟁터에서 많은 사람이 죽었다]

→ _____.

③ [해가 나자 눈사람이 차차 녹았다]

→ _____.

④ [철수 씨는 몸무게가 차차 줄었다]

→ _____.

더 배우기

보조 용언

- 봉사 : -아/어 주다, 아/어 드리다
- 진행 : -아/어 가다, -고 있다
- 시행 : -아/어 보다
- 짐작 : -아/어 보이다
- 희망 : -고 싶다
- 상태 : -아/어 있다

[보기] (1) 어머니가 동생에게 옷을 만들어 주었다.

(2) 동생은 할머니께 한복을 사 드렸다.

(3) 나는 친구의 짐을 들고 있다.

(4) 진주 씨는 데이트를 하고 있다.

(5) 제인은 새로 산 옷을 입어 본다.

(6) 제인의 옷이 좋아 보인다.

(7) 내년에는 고향에 가고 싶다.

(8) 창문이 열리어 있다.

경음화 2

규칙 1 : 한자어에서, 'ㄹ' 받침 뒤에 연결되는 'ㄷ, ㅅ, ㅈ'은 된소리로 발음된다.

① ㄷ → ㄸ : • 갈등　　[갈뜽]　　• 발동　　[발똥]

　　　　　　　 • 절도　　[절또]

② ㅅ → ㅆ : • 말살　　[말쌀]　　• 불소　　[불쏘]

　　　　　　　 • 일시　　[일씨]

　　　　　　　 • 몰상식　[몰쌍식]　• 불세출　[불쎄출]

③ ㅈ → ㅉ : • 갈증　　[갈쯩]　　• 물질　　[물찔]

　　　　　　　 • 발전　　[발쩐]

규칙 2 : '-(으)ㄹ' 뒤에 연결되는 'ㄱ, ㄷ, ㅂ, ㅅ, ㅈ'은 된소리로 발음한다.

① ㄱ → ㄲ : • 할 것을 [할꺼슬]　• 갈 곳　[갈꼳]

　　　　　　　 • 할걸　　[할껄]

② ㄷ → ㄸ : • 갈 데가 [갈떼가]　• 할 도리 [할또리]

③ ㅂ → ㅃ : • 할 바를 [할빠를]　• 할밖에　[할빠께]

④ ㅅ → ㅆ : • 할 수는 [할쑤는]　• 올 사람 [올싸람]

　　　　　　　 • 할수록　[할쑤록]

⑤ ㅈ → ㅉ : • 할 적에 [할쩌게]　• 할지라도 [할찌라도]

　　　　　　　 • 할진대　[할찐대]

[부록]

1. 대화문 번역

2. 찾 아 보 기

대화문 번역

Lesson 1. *Bibimbap is a little spicy.*

 **Basic study**

There are several dishes such as bibimbap, bulgogi, bean paste soup and kimchi. Korean people like bibimbap. Bibimbap is tasty, but a little spicy. Bibimbap is a mixture of rice, hot pepper paste, vegetables and sesame oil. There are several categories of Kimchi, including white kimchi, cabbage kimchi and pickled radishes. Kimchi is hot, but many Korean people often eat it. There are a variety of vegetable, meat and fish soups. Korean people use chopsticks and spoons at mealtimes. Spoons are used when eating rice or soup. However, chopsticks are used when eating side dishes.

韩国有拌饭, 烤肉, 酱汤, 泡菜等多种食物。韩国人喜欢吃拌饭。拌饭虽然很香, 但是有点儿辣。拌饭是用辣椒酱, 野菜和香油等拌在一起做成的。泡菜的种类有白泡菜, 辣白菜, 水泡菜和嫩萝卜泡菜。泡菜虽然辣, 但是韩国人经常吃。汤有豆芽汤, 肉汤, 野菜汤, 鱼汤等许多种。韩国人吃饭的时候使用勺子和筷子。吃饭或喝汤的时候用勺子。但是菜肴是用筷子夹着吃的。

Case study

JaeHyeong went to a bulgogi restaurant with JinJu. At the restaurant, JaeHyeong ordered bulgogi and bean paste stew. Bulgogi is made of meat marinated in a variety of seasonings such as garlic, onions, ginger, soy sauce and mushrooms. In addition, people eat meat with vegetables. Bean paste stew is served after people eat Bulgogi. Bean paste stew is made of soybean curd, green onions, squash and seafood with soybean paste based broth. The main ingredient in bean paste soup is soybean paste. Soybean paste is savory, because it is made of beans. Jae Hyeong and Jin Ju like bulgogi and bean paste stew, so they ate with gusto.

在衡先生和珍朱小姐一起去了烤肉店。在那里，在衡先生点了烤肉和大酱汤。烤肉是用蒜，洋葱，生姜，酱油，蘑菇等多种作料放在一起调制而成的。然后把肉放在火上烤完之后和蔬菜一起吃。两个人吃完烤肉之后，酱汤出来了。酱汤是在酱汤水里放豆腐，葱，小南瓜，海鲜等制作而成的。酱汤的主材料是大酱。由于大酱是用大豆做成的，所以味道很香。因为在衡先生和珍朱小姐都爱吃烤肉和酱汤，所以他们吃的很香。

Lesson 2. I withdraw money from the bank.

 Basic study

JinJu is withdrawing money from the bank. When withdrawing money from the bank, first please pick up a number ticket. Next, fill out a withdrawal slip. On the slip, write down your name, password, and amount of money you are withdrawing and your account number. Finally, give your slip form and bankbook to the teller so you can withdraw your money. Withdrawing money from an ATM is also possible. To use the ATM, you need to be issued a cash card or credit card. After receiving your card, put it into the ATM. Next, enter your password and push the "Withdrawal" button. Finally, select an amount of money and push the "Confirmation" button, then the money immediately comes out of the ATM. Using the ATM is very convenient.

珍朱小姐打算在银行取钱。在银行取钱的话，首先需要拿一张等候票。然后到填表写字台去填写取款单。在取款单上填写帐号，所取金额数，密码和申请人的姓名。最后，把取款单和存折一起交给窗口职员就可以取钱了。也可以利用自动提款机取钱。要想使用自动提款机的话，需要申请现金卡或是信用卡。首先，把现金卡或是信用卡插入自动提款机里。然后输入密码，之后按下'取款'键。最后，选择取款金额并按下'确认'键的话，现金很快就出来了。使用自动提款机的话是相当方便的。

 **Case study**

When going abroad, you should change Korean currency into foreign currency prior to leaving Korea. Before changing Korean currency into foreign currency, you should check the exchange rate. The won/dollar exchange rate rose dramatically. $1 U.S. is 1,195 won, because the won's exchange rate to the U.S. dollar is 1195.86. $1 is 1,200 won. Today's yen/won exchange rate is lower than yesterday. 1 yen is valued at 10 won, because the yen/won exchange rate is 10. 100 yen is equal to 1,000 won. Let's exchange your foreign currency to Korean money at a bank.

如果要出国的话，需要把韩币换成外币。假如要把韩币换成外币的话，得先确认一下换率。今天美金的换率升了很多。因为今天美金的换率是1195.86，所以1美金是1,195元韩币。换1美金的话需要韩币1,200元。今天的日元换率比昨天跌了很多。由于日元换率是10，所以1日元就等于10元韩币。假如要换1,000日元的话，就需要10,000韩币。各位也去银行，把自己国家的钱换成韩币试试吧。

Lesson 3. I went to the post office to send a letter.

 **Basic study**

It has been one year since I came to Busan from GangwonDo. At my office, I wrote a letter to my parents. After writing the letter, I put it into an envelope and wrote down their address and zip code. I went to the post office to send the letter. I asked a staff at the post office how to send the letter. The staff was very helpful. The staff said that the mail service is divided into 'express mail' and 'regular mail' according to the desired delivery time. The staff said that 'express mail' is more expensive than 'regular mail', but the delivery time is shorter. Despite the added cost, I sent the letter by 'express mail', because I wanted my parents to get my letter quickly.

我从江原道来到釜山已经过了一年了。因为我想给故乡的父母报个平安，所以在办公室写了封信。写完信之后，把信纸放进信封里，然后在上面写上了地址和邮编。我为了寄信去了邮局。向邮局的职员问寄信方法的时候，他很亲切地告诉了我。邮寄种类根据时间的不同有'特快信件'和'一般信件'。他说'特快信件'比'一般信件'收费贵，但是投递时间比较快。因为我想近早告诉父母我的消息，所以虽然邮费贵，但是还是选择了以'特快信件'的方式寄信。

 **Case study**

I bought a Korean costume(Hanbok) at a department store for my brother. After coming back home, I packed it with pretty wrapping cloth. I stopped by the post office to send the Korean costume to my brother. The staff said that might get wrinkled, as it was packed with wrapping cloth. When I went to the packing table, there were scissors, wrapping paper, string, and boxes on the desk. I put the Korean costume in the box and wrote the address, name and zip code of the receiver. I also wrote the address, name, and zip code of the sender. Parcel rates depend on a package's weight and destination. I sent the parcel by registered mail and got a receipt.

我在百货商店买了套要送给弟弟的韩服。回到家之后，用漂亮的包袱把韩服包了起来。我为了把韩服寄给弟弟，所以就去了邮局。邮局职员说，韩服用包袱包的话容易起褶皱。一到包裹包装台一看，上面有剪刀，纸，绳子和箱子等。我把韩服放进包装箱里之后，写上了收件人的地址，名字和邮编。然后也写上了送信人的地址，名字和邮编。包裹的邮寄费用根据包裹的重量或目的地的不同而不同。我把包裹以挂号邮件的形式寄过去之后，从邮局职员那里拿到了发票。

Lesson 4. I have had a toothache since last night.

 **Basic study**

I have had a toothache since last night. I took a painkiller and fell asleep. I went to the dentist as soon as I got up this morning. When I arrived at the dentist's, I went to the reception desk and registered, showing my health insurance card. After I had been in the waiting room for a while, a nurse told me to come into the consultation room. I entered the consultation room with the nurse and lied down on an examination chair. The dentist entered the room and treated my decayed tooth. While being treated, I had a hard time due to the pain. After receiving treatment, I paid the doctor's fee and got a prescription. I went to a pharmacy to have my prescription filled after leaving the dentist's.

从昨晚开始我的牙疼的很厉害。所以吃了止疼药之后，好不容易才睡着。早上一起床，我就直接去了牙科医院。一到牙科医院，我就直接到接受台出示了健康保险证，然后申请了治疗。在等候室等了一会儿，护士就叫我到诊疗室去。我跟着护士进到诊疗室之后，躺在了诊疗椅上。医生进来之后，给我治疗了蛀牙，但是由于治疗过程中过于疼痛，没少受罪。我接受完治疗之后，付完诊疗费拿到了处方单。我从牙科医院出来之后，为了配药去了药店。

 **Case study**

For the last few days, Jo MinGyun had a sore throat, a cough and a runny nose. MinGyun went to the internal medicine department of hospital and was examined by a doctor. After examining MinGyun, the doctor said that MinGyun had a cold. MinGyun went to a pharmacy after receiving medical treatment. MinGyun showed his prescription to the pharmacist. The pharmacist went into the pharmaceutical preparation room. After a while, the pharmacist told me not to eat cold food and drink alcohol as he was writing out the prescription directions. On the medicine bag was written 'Take three times a day, to be taken 30 minutes after meals'. MinGyun went home and took some medicine 30 minutes after dinner. In the wrapper of medicine, there were 4 pills and powdered medicine. After taking his cold medicine, MinGyun went to bed earlier than usual.

赵闵钧先生几天前开始就咳嗽还流鼻水，并且嗓子也火辣辣的。闵钧先生去小区附近的内科医院接受了诊疗。医生给闵钧先生诊疗完之后，说他是患了感冒。闵钧先生在医院接受完诊疗之后去了药店。闵钧先生给药剂师看了处方单。药剂师为了配药，拿着处方单进了配药室。过了一会儿，药剂师在药包上一边写吃药的方法，一边提醒了他不要吃凉的或酒精类的东西。在药店里拿到的药包上写着'一天3次，饭后30分钟一包'的字。回到家之后，闵钧先生吃完晚饭30分钟以后吃了一包药。一包药里有4颗药丸和一些药粉。闵钧先生吃完感冒药之后，比平时早些睡了。

Lesson 5. JinJu can play pool.

Basic study

JinJu likes to exercise, so she goes to a gym after work. JinJu is not good at lifting weights and exercising, but tries to do her best. MinGyun likes soccer, so he plays soccer with his friends every Sunday. Soccer is hard and takes a lot of time, so MinGyun does not play soccer on weekdays. MinGyun also likes watching soccer, so he often goes to see professional soccer games whenever he has the time. JinJu and MinGyun can play pool. Pool balls are small and pool is easy to play. You can play pool while wearing casual wear. They are going to play pool at a pool hall this evening.

珍朱小姐喜欢做运动，所以下班后都是直接去健身中心。虽然珍朱小姐对做运动还有些生疏，但是很努力学习。闵钧先生因为喜欢足球，所以每周日都和朋友们一起踢足球。由于足球这项运动又累又耗时间，所以平时不踢。闵钧先生也喜欢看球赛，所以偶尔有时间的时候，也会观看职业足球赛。珍朱小姐和闵钧先生都会打台球。台球由于球的个头较小，所以容易打，穿着休闲装也可以玩。他们两个人今天晚上打算在台球厅打台球。

Case study

MinGyun likes sports. He can play tennis, badminton, table tennis, soccer and basketball. He also can jog. He likes participating in sports as well as watching sports games. JinJu jogs for 30 minutes every morning at a school playground. Jogging in the early morning makes people feel refreshed. If you exercise regularly Jogging is good for your health, although it can be boring. MiYeon can play tennis, although she is not good at other sports. MiYeon plays tennis for an hour everyday at a tennis court in her town. Usually, she plays tennis for about two or three hours every Sunday. After playing tennis, MiYeon feels refreshed the next day.

　　闵钧先生因为喜欢运动，所以会网球，羽毛球，乒乓球，足球，篮球和慢跑。闵钧先生不但喜欢运动，而且也喜欢观看体育竞赛。珍朱小姐每天在学校操场晨跑30分钟。早上早起之后跑步的话，心情会舒畅很多。慢跑虽然枯燥，但是坚持不懈的话有助于身心健康。美妍小姐虽然不能做其他运动，但是可以打网球。美妍小姐每天都在小区网球场打一小时的球。星期天的时候，一般打两三个小时的网球，像这样打完网球之后，第二天就可以很愉快地投入到工作当中去。

Lesson 6.　Where is the library?

 **Basic study**

　　Are you looking for Busan Metropolitan NamGu library? I will show you how to get there. First, go along this road, and you will see a 3 way intersection. If you go 100m past the intersection, you will see the front gate of Korea University. Korea University is about a 3 minute fast walk from here. Keep walking past Korea University until you can see Motgol intersection. You can see a fire station after you turn left at Motgol intersection. Pass the fire station and go up to a mountain about 50m, and you will see a 5 story building on the left side of the street. That's NamGu library. If you walk to NamGu library from here, it takes about 10 minutes.

　　您在找南区图书馆吗?现在开始由我来告诉各位到南区图书馆的路线。首先，沿着这条路一直往前走的话，会出来一个龙渊三岔口。过了龙渊三岔口，再走100米的话，马路边上有韩国大学的正门。从这里到韩国大学快步走的大概要花3分钟。过了韩国大学，一直走到能看见Motgol十字路口为止。在Motgol十字路口前， 向左转之后继续往前走的话，就会看见一个消防站。然后过了消防站，往山方向上走大概50米左右的话，能在路左边看见一座5层楼建筑。那座建筑就是南区图书馆了，从这里步行应该需要约10分钟左右。

 **Case study**

SeJeong is telling her colleagues about the location of her house. My house is near Daeyeon subway station. First, look for Daeyeon elementary school. Then, cross at the pedestrian crosswalk near Daeyeon elementary school. About 40 m after taking the crosswalk, you will see Daeyeon kindergarten. There is a 4 story building opposite the kindergarten. My house is on the 4th floor of that building. Even if you can't find my house, please don't worry about it. If you call me near my house, I can come and get you.

世静小姐正在给公司朋友们说明自己家的地理位置。我们家因为是在大渊地铁站附近，所以要来我家的话得先找到大渊站附近的大渊小学。然后请在大渊小学边上的人行横道上过马路。过了人行横道之后， 向左走40米左右的话就能看见大渊幼儿园。那幼儿园的正对面有座4层的楼， 我家就在那座楼的4层。就算大家找不到我家， 也不要着急。在我家附近给我打个电话的话，到时候我再重新给大家讲一遍路线。

Lesson 7. *JinJu went to the airport to catch a flight.*

 **Basic study**

MiYeon lives on Dalmaji hill near Haeundae in Busan. JinJu went to the airport to fly to MiYeon's house. JinJu arrives at Gimhae airport at 2 o'clock. At the lounge, she called MiYeon. MiYeon told JinJu to take the airport shuttle bus to go to a hotel in Haeundae. After getting off the bus, ask somebody at the hotel how to get to Dalmaji hill. When JinJu arrived at the hotel, she asked the hotel staff how to get to Dalmaji hill. The hotel staff kindly showed her the way to Dalmaji hill. He said that if she goes there on foot, it will take 20 minutes, but if she takes a taxi it will take 5 minutes. Because there was traffic jam at that time, JinJu went along the beach road to Dalmaji hill on foot.

美妍小姐住在海云台附近的迎月坡上。珍朱小姐为了去美妍小姐家里，到机场坐飞机去了。珍朱小姐下午2点钟左右到达金海机场，在机场大厅给美妍小姐打了通电话。美妍小姐告诉珍朱小姐，坐机场大巴到海云台宾馆之后，再问别人到迎月坡的路怎么走。珍朱小姐一到海云台宾馆就向宾馆职员问了路。宾馆职员亲切地向珍朱小姐说明了向迎月坡走的路线。职员说，要是从宾馆步行到迎月坡的话需要大约20分钟，但是坐出租车的话5分钟就能到达。那天，恰巧道路堵车，所以珍朱小姐就沿着海边道路走到了迎月坡。

 **Case study**

There are 3 people in ChanHo's family; ChanHo, and ChanHo's mother and father. ChanHo's family will go to Taejongdae for a picnic, because ChanHo hasn't been there. Taejongdae is on YungDo Island in Busan. Every year many tourist visit there to see the steep cliffs and blue sea. ChanHo's family does not have a car, so they have to take a taxi or bus or subway to go to Taejongdae. If you take a bus, you don't have to transfer, but it takes a long time. On the other hand, if you take the subway, it's faster than the bus, but you have to transfer to a bus along the way. Taking a taxi is faster than the subway or bus when going to Taejongdae. Thus ChanHo's family desides to go to Taejongdae by taxi. The taxi is heading to Taejongdae, crossing Busan Grand Bridge. It takes 20 minutes to get to Taejongdae by a taxi from the Busan Grand Bridge.

灿浩一家有爸爸，妈妈和灿浩三口人。由于灿浩还没有去过太宗台，所以今天他们一家打算去太宗台野营。太宗台在釜山的影岛上，在那可以看到险峻的峭壁和蓝色的大海，所以每年都有许多观光客慕名而来。因为灿浩家里没有汽车，要去太宗台的话得坐地铁或是公车，或者出租车。尽管公车一趟就可以到达目的地，但是有个要花很长时间的缺点。而地铁，虽然比公车快，但是中间需要换乘公车。利用出租车的话可以比乘坐地铁或是公车更快到达目的地。所以灿浩一家打算坐出租车去太宗台。现在灿浩一家坐的出租车正经过釜山大桥驶向太宗台。据说从釜山大桥到太宗台，坐出租车大概需要20分钟。

Lesson 8.   Busan is a beautiful port city.

 **Basic study**

Busan is a beautiful, large port city. Busan port is the largest port in Korea. As such, many ships come in and out of the port every day. Jagalchi market is famous for seafood. At the market, merchants sell a variety of live fish and fresh raw fish. Pusan International Film Festival(PIFF) is held every year at Nampodong close to Jagalchi market. This year many people who love films will come to watch films at Nampodong during PIFF. At Nampodong, if you cross Busan Grand Bridge, you will see Yungdo Island. Taejongdae, on Yungdo Island, is famous for its high cliffs and blue sea. At Gwang-anli, there is a beach and Gwang-an Grand Bridge. The bridge is really great when you see it at night. I suggest you to come to Busan this summer. Busan welcomes you.

釜山是座美丽且又很大的港口城市。由于釜山是韩国最大的港口城市，所以釜山港总是有许多的船只进进出出。Jagalchi市场是以水产物而著名，在这里商人们卖各种鲜鱼和生鱼片。在市场附近的南浦洞,每年都会举办釜山国际电影节。今年也举办国际电影节的话，将会有许多电影爱好者到这里观看电影的。从南浦洞一过了釜山大桥，就会看见影岛。在影岛最里面的太宗台，是以高高的峭壁和蓝色的大海而著名。广安里有海水浴场和广安大桥，如果晚上看广安大桥的话，就能欣赏到很壮观的夜景。各位今年夏天到釜山来玩吧。釜山欢迎各位的到来。

 **Case study**

In Busan there are many tourist attractions such as Dongbaek Island, Dalmaji hill, Songjung and Jang-an temple. Haeundae has the largest and the most beautiful sand beach in Korea. This makes Haeundae beach popular with many tourists who like to swim in the summer. Dongbaek Island is to the right of Haeundae beach. The APEC conference center, Nurimaru, is located on Dongbaek Island. This center hosts many big and small events. Dalmaji hill is to the left of Haeundae beach. On Dalmaji hill, there are many pine trees and there is a great view of the sea. Songjung is to the north of Dalmaji hill and is famous for its beaches and pine groves. Songjung has clean air and beautiful scenery, so many people visit there. Jang-an temple is an old temple in Gijang. Busan citizens visit there because of the high mountains and deep valleys near the temple.

　　釜山有许多像海云台，冬柏岛，迎月坡，松亭，长安寺等可供旅游的地方。在海云台，有韩国最大最美丽的万顷沙滩。所以一到夏天，　许多人为了洗海水浴都聚集到这里。海云台海水浴场的右边是冬柏岛。冬柏岛内有国际会议中心，　这里经常举办大大小小的各种国际活动。迎月坡在海云台海水浴场的右边。在迎月坡上有许多松树，　而小坡往下则展现着蓝色的大海。在迎月丘北边的松亭，是以海水浴场和松林出名的。松亭不但空气清新，　而且景色也很美，　所以周末的时候很多人都到这里来消遣。长安寺是在机张郡的一座很久的寺庙。由于寺庙附近有很高的山和深深的溪涧，　所以釜山市民经常到这里来消磨时间。

Lesson 9.　We used a homestay.

 Basic study

Our family went to Dadaepo beach for winter vacation. Dadaepo beach has beautiful scenery due to its location at the confluence of the Nakdong River and sea. We looked for an inn at Dadaepo beach, but there were no rooms available. So we went to a homestay near the inns. The homestay was a new house, so it was not only clean but also had shower rooms and kitchens. We asked about the room rate. The owner said that it was 80,000 won per night. I asked him for a discount, because the rate was too expensive. Fortunately, the owner gave us a 5,000 won discount, so we gave 75,000 won to the owner. As soon as we paid for the room, we moved our luggage into the homestay. Thanks to the good weather, our family strolled along the beach and had a good time that afternoon.

我们一家在冬天休假的时候去了多大浦海水浴场。多大浦海水浴场由于是洛东江和海的交界处，所以景色很好。我们在多大浦找了找旅馆，但是由于没有空房，只好去了附近的民宿。因为我们找的民宿是新建的，所以不但卫生非常干净，而且房间里还有淋浴设施和厨房设备。我们向民宿的主人问了问住宿费，主人说一天住宿费是8万韩元。我对主人说住宿费太贵了，并且要求可不可以便宜一些。还好主人说可以便宜5千韩元，所以我们给了主人7万5千韩元。我们一付了住宿费，就把拿来的行李拿进了民宿房间里。那天天气非常好，我们一家人上午就在海边一边漫步，一边度过了美好的时光。

 **Case study**

SeJeong and her husband are going to Jeju Island for summer vacation. SeJeong's trip schedule is as follows:

- Destination: Jeju Island
- Period: August 10, 2006 ~ August 12, 2006 (2 nights/3 days)
- Lodging place: Jeju Grand Hotel
- Other Persons: Her husband and son
- Room type: a room with in floor heating

SeJeong accessed the hotel homepage to reserve a room through the Internet. SeJeong entered the reservation information using the reservation menu on the website. First, she entered her name and ID number. Then, she entered her date of check in and checkout after typing her address and phone number. Finally she chooses the room type and number of rooms desired. After entering all the reservation information, the reservation is completed by clicking 'Confirm'. Nowadays, people can deal with many businesses conveniently thanks to the development of the Internet and computers.

世静夫妇打算夏天度假的时候去济州岛。世静小姐制定了济州岛旅行的以下计划：
- 目的地：济州岛

· 期　　间：从2006年8月10日起到8月12日为止（3天2夜）

· 住宿地：济州岛大饭店

· 同行者：世静小姐的丈夫和儿子

· 客　　房：炕房1间

　　世静小姐打算利用网络预订宾馆，所以连接到了济州岛大饭店的主页。世静小姐在主页的预约菜单栏上输入了关于预约的内容。先把预约者世静小姐的名字和身份证号码输入进去。然后输入了地址和电话号码。输入完地址和电话号码，就该输入登记日期和退房日期。最后把要使用的客房数和房间型输入进去就可以了。像这样，输入完所有的有关预约的内容之后，按下确认键，然后结束预约。最近，由于电脑和网络越来越发达，所以很多事情都可以方便地解决了。

Lesson 10.　Korea has four seasons.

 Basic study

Korea has four seasons : spring, summer, fall, winter. In spring, it is warm. Many flowers such as cherry blossoms, forsythia, and azalea are in bloom. Spring breezes melt streams that have frozen in winter so they can flow again. It can still be cold in spring sometimes due to cold winds. In summer, it is hot and humid. We have a lot of rain in the rainy season. Sometimes, it floods due to a typhoon. In summer, people go to the mountain or the sea with their family during their holidays. When autumn comes, the weather becomes cool and fine days continue. In fall, we have clear and blue skies and the mountains put on autumnal tints. Fruit and grain become ripe thanks to the fine weather. In winter, it is cold, dry and snowy. Although it is cold in winter, we have a cycle of three cold days and four warm days. When it snows, people make snowmen and have snowball fights. In Korea we have beautiful mountains and fields no matter what season it is.

　　韩国是个春，夏，秋，冬四季分明的国家。春天的时候，由于天气暖和，所以樱花，狗尾巴草，映山红等许多花都会盛开。而且春风会融化掉冬天小溪内结的冰，并使其流淌。但是偶有春寒风刮来的时候，就会使天气突然再度冷起来。夏天的时候，气温高且湿气比较重。因为梅雨季节的关系，夏天时常下雨，还会刮台风，从而引起洪水。一到夏天，人们都会从公司申请假期，和家人一起去海边或是山里度假。到秋天的时候，天气会变得很凉爽，而且会持续晴天。秋高气爽的天气，时常可以看到蓝蓝的天空，山上则是红叶一片。还有就是由于大多数都是晴天，所以水果和谷物很好熟。冬天的时候，会持续干燥的天气，且会下雪。但是并不是一整个冬天都是冷的，而是三寒四温的天气。冬天下雪的话，还可以堆雪人，打雪仗。韩国是山和田野四季都很美丽的国家。

 **Case study**

I'd like to introduce you to autumn in Korea. In Korea, autumn is September, October and November. In the beginning of autumn, the sky is clear and very blue. The temperature stays at around 20 degrees, with low humidity. It's very refreshing weather. The rice grows well and becomes yellow in the rice fields. The farmers work hard to gather rice in the fields. The persimmon trees and chestnut trees bear fruit. In late fall, forests and valleys turn red and the streams get cold. In winter, the temperature falls below zero. Mountains and fields turn white as they are covered by snow. This fall, I hope you will travel to Korea. You will have a good time.

现在我给各位介绍一下韩国的秋天。在韩国，一般9月，10月，11月是秋季。初秋到来的时候，天气晴朗，而且天空也很蓝。气温在零上20度左右，湿度有所下降，所以人们的心情也会变得很爽朗。在农村的田地里，水稻熟的金黄。农夫们为了收获成熟的稻子而辛勤的劳作着。柿子树和果子树也硕果累累。到晚秋的时候，丛林和山谷间就会被红叶染的红红绿绿，而从山间流下来的小溪水也逐渐变凉了。离冬天没多久的时候，气温就会降到零下去，山和田野还会被白雪覆盖。各位今年秋天在韩国观光看看吧。各位就能够在韩国体验到很有意思的事情。

찾아보기

[용어 찾기]

(ㄱ)
겹받침의 발음 1	72
겹받침의 발음 2	94
경음화 1	197
경음화 2	214
관형어의 겹침	161
구개음화	136

(ㄷ)
등	15

(ㅁ)
맛	28
못	83

(ㅂ)
받침 'ㅎ'의 발음	115
받침의 발음 1	29
받침의 발음 2	51
보조 용언	213
보조사의 위치	155
부정문의 형식	93
비교하는 문장	155

(ㅅ)
상대높임법	135
시간 표현 1	175
식사를 주문할 때 쓰는 관용 표현	28
자기/자신	127

(ㅈ)
자음 동화 1	156
자음 동화 2	176
제일	160

(ㅍ)
피동 표현	114

(ㅎ)
하지만	16
한/약 ~ -쯤/정도	123
한국 돈의 단위	50
한국의 화폐	50
회상 표현	196

[문법 형태소 찾기]

-(느)ㄴ답니다	147
-(아/어)도 되다	35
-(아/어)야 하다	34
-(으)ㄴ	63
-(으)ㄴ 지	57
-(으)ㄹ	36
-(으)ㄹ 것/거	120
-(으)ㄹ 만하다	166
-(으)ㄹ 뿐만 아니라 ; A뿐만 아니라 B도	167
-(으)ㄹ 수 있다/없다	
-(으)ㄹ 줄 알다/모르다	99
-(으)ㄹ 예정이다	101
-(으)ㄹ수록	189
-(으)니/-(으)니까	77
-(으)려면	41
-(으)로	21
-(으)로/-(으)로써	160
-(으)면	35
-(으)므로	140
-(으)세요	44
-(으)십시오	121
-(으/느)ㄴ 것은 아니다	203
-(이)나	14
-게 되다	207
-고	181
-고 나니(까)	20
-고 싶다	58
-과(와), -(하)고, -(이)랑	187
-기 쉽다/어렵다	64
-기 위해서	59
-기도 하다	202
-까지	168
-는 ; -(으)ㄴ	56
-는데/-(으)ㄴ데	78
-더라도	129
-도	64
-려고 하다	148
-로	149
-마다	98

-마저	183
-만에	142
-보다	42
-씩	107
-아/어 있다	85
-아/어 주다	142
-아/어지다	106
-어 가다	208
-었었-/-았었-	180
-에 대한/관한	188
-은/는, -도, -만	71
-자마자	76
-지 말다	128
A가 B에게 V-게 하다	84
~ 박 ~ 일	190
것	105

[단어 찾기]

(ㄱ)

가루약 : powdered medicine 药粉	82
가위 : scissors 剪刀	62
가을철: autumn 秋季	206
가지다 : have 携带	179
간장 : soy sauce 酱油	19
간편하다 : be casual 方便	97
간호사 : nurse 护士	75
간혹 : occasionally 偶尔	201
갈아타다 : transfer 换乘	146
감기약 : cold medicine 感冒药	82
감기에 걸리다 : have a cold 患感冒	82
감나무 : persimmon tree 柿子树	206
갑자기 : suddenly 突然	201
강물 : river water 江水	201
같다 : be equivalent to ~ 一样	40
개나리 : forsythia 狗尾巴草	201
객실 : room type 客房	186
객실 : rooms 客房	179
거기서 : at that place (there) 在那里	19
거닐다 : stroll along 溜达	179
거실 : Living room	62
걱정하다 : worry 担心	126
건강 : health 健康	104
건강보험증 : health insurance card 保险证	75
건너다 : cross 过	126, 146
건물 : building 建筑物	119, 126
건조하다 : dry 干燥	201
걷다 : walk 行走	119
걸리다 : It takes 花(时间)	55, 119, 139
걸어가다 : walk 走着去	119
걸음 : walk 步行	119
겨우 : hardly 好不容易	75
경기 : game 竞赛	97, 104
경치 : scenery 风景	165
경험 : experience 经验	206
계곡 : valley 溪涧	165
계속 : keep ~ -ing 继续	119
계좌번호 : account number 帐号	33
계획 : schedule 计划	186
계획을 짜다 : plan 制定计划	186
고기 : meat	19
고소하다 : savory 香喷喷	13
고추장 : hot pepper paste 辣椒酱	13
고향 : hometown 故乡	55
곡식 : grain 水果	201
곧바로 : immediately 直接	33, 75
곳 : place 地方	179
공 : ball 球	97
공기 : air 空气	165
공항 : airport 机场	139
과일: fruit 水果	201
관광객 : tourists 观光游客	146
관람하다 : see 观看	97
구겨지다 : get wrinkled 回来	62
구수하다 : savory 香扑扑的	19
국 : soup 汤	13
국제 행사 : international festival 国际庆典	165
굽다 : barbecue 烤	19
근처 : near 附近	126, 159
글 : notice 字	82
금액 : amount of money 金额	33
기간 : period 期间	186
기분 : mood/feeling 心情	104, 206
기온 : temperature 气温	201
기침 : cough 咳嗽	82
길 : way 路	139
길가 : way side 路边	119
김치 : kimchi 泡菜	13
깎다 : discount 讲价	179
꽃 : flower 花	201
꽃샘바람 : chill breeze 春寒风	201
꾸준히 : steadily 坚持不懈地	104
끈 : string 绳子	62

(ㄴ)

나물 : vegetables 野菜 — 13
나오다 : come out 出来, 出现 — 33, 119
날씨 : weather 天气 — 179, 201
내과 : internal department of hospital 内科 — 82
내내 : all the time 一直 — 201
내려가다 : go down 下去 — 206
내리다 : fall/go down 降 — 40
내외 : in and out 左右 — 206
내용 : information 内容 — 186
냇물 : stream 溪水 — 201
넓다 : large 宽敞 — 165
넣다 : put 放 — 13
녹이다 : melt 溶解 — 201
논 : rice field 田野 — 206
놀다 : play 玩 — 165
농구 : basketball 篮球 — 104
농부 : farmer 农民 — 206
누렇다 : yellow 金黄 — 206
누르다 : push 按 — 33
눈 : snow 雪 — 201
눈사람 : snowman 雪人 — 201
눈싸움 : snowball 雪仗 — 201

(ㄷ)

다른 : other 其他 — 104
다른 사람 : somebody 别人 — 139
다시 : again 再 — 119
다양하다 : a variety of 各种各样 — 13
다음날 : the next day 第二天 — 104
다행히 : fortunately 幸好 — 179
단점 : demerit 缺点 — 146
단풍 : maple 枫叶 — 201
단풍이 들다 : turn red 枫叶变红 — 206
달라다 : ask/request 要求 — 179
달러 : dollar 美金 — 40
달리기 : running 跑步 — 104
달리다 : run 跑 — 146
달맞이언덕 : Dalmaji hill 迎月坡 — 139
당구장 : pool hall 台球厅 — 97
대교 : grand bridge 大桥 — 159
대기실 : waiting room 候诊室 — 75
대기자 : waiting list 等候牌 — 33
대단히 : very 非常 — 33
대답하다 : answer — 55
대하다(~에 대한): about 对于 — 186

대한민국 : Korea 大韩民国 — 159
덜 : less — 55
데 : case ~的情况 — 146
데 : ~ place ~的地方 — 62
도로 : road — 139
도서관 : library 图书馆 — 119
도시 : city 城市 — 159
도착지 : destination 目的地 — 62
도착하다 : arrive 到达 — 139, 179
돈 : money 钱 — 33
돌아오다 : return 回来 — 62
동네 : town 小区 — 82, 104
동안 : while/period 期间 — 75
된장 : soybean 大酱 — 19
된장찌개 : bean paste stew 酱汤 — 19
두부 : soybean curd 豆腐 — 19
두세 : two or three 俩三 — 104
드나들다 : come in and out 进进出出 — 159
들 : field 田野 — 206
들르다 : stop by~ ~顺便去 — 62, 179
들어가다 : enter into 进去 — 82
등 : etc. 等(助词) — 13
등기우편 : registered mail — 62
따갑다 : prick 火辣辣 — 82
따르다 : depends on, go along with~ 依照 — 62, 75, 139
뚜렷하다 : (be) clear 鲜明 — 201

(ㄹ)

로비 : lounge 大厅 — 139

(ㅁ)

마늘 : garlic 蒜 — 19
마지막으로 : finally 最后 — 33
마치다 : finish 结束 — 75
마침 : at that time 正在这时 — 139
만들다 : make 制做 — 19
만일 : if ~ 万一 — 40
많이 : a lot 很多 — 40
말다 : stop (not~) 停止 — 119, 126
맑다 : clean 清新 — 165
맛 : taste 味道 — 13
맛있다 : delicious 好吃 — 19
맞닿다 : meet 相连 — 179
맞은편 : opposite/across from 对面 — 126
매일 : everyday 每天 — 104
맵다 : hot 辣 — 13
머지않아 : soon 指日可待 — 206

먹다 : eat 吃   13
멋있다 : great 壮观   159
멋지다 : nice 有意思   206
메뉴 : menu 菜单   186
며칠 : a few days 几天   82
목 : neck 脖子   82
목적지 : destination 目的地   186
무게 : weight 重量   62
묻다 : ask 问   55
미터 : meter 公尺   119
미화 : American currency/the U.S dollar 美元   40
민박 : lodging at a private residence 民宿   179
민박집 : homestay 民宿房   179

(ㅂ)

바꾸다 : exchange (of money) 换   40
바다 : sea 海   146
바로 : directly 立刻   97
바위 : rock 岩石   146
반면에 : on the other hand 每年   146
반찬 : side dish 菜肴, 小菜   13
밤나무 : chestnut tree 栗子树   206
밥 : rice 米饭   13
방법 : way   55
배달 : delivery   55
배드민턴 : badminton 羽毛球   104
배우다 : learn 学习   97
백사장 : sandy beach 沙滩   165
버섯 : mushroom 蘑菇   19
버스 : bus 公车   139, 146
버튼 : button 按钮   33, 186
번호표 : number ticket 号码牌   33
벚꽃 : cherry blossom 樱花   201
벼 : rice plant 水稻   206
변하다 : change 变   206
보이다 : show 看得见   82
보자기 : wrapping cloth 包袱   62
보통 : usually 一般   104, 206
보통우편 : regular mail 平信   55
복잡하다 : (be) complicated 复杂   139
복장 : dress/clothes 着装   97
봄바람 : spring breezes 春风   201
부근 : near, nearby 附近   126, 139, 179
부모님 : parent   55
부부 : husband and wife (a couple) 夫妇   186
부산대교 : Busan Grand Bridge 釜山大桥   146
부산항 : Busan port 釜山   159

부산행 : (to) Busan 釜山行   139
부치다 : send 邮寄   55
북쪽 : on the north 北边   165
불 : fire 火   19
불고기 : bulgogi 烤肉   19
불고기집 : a bulgogi restaurant 烤肉餐厅   19
불다 : blow 刮(风)   201
비 : rain 鱼   201
비다 : (be) empty 空   179
비록 : although   55
비밀번호 : password 密码   33
비비다 : mix 拌, 和弄   13
비빔밥 : bibimbap 拌饭   13
비싸다 : be expensive   55
비행기 : airplane 飞机   139
빌라 : villa 小楼   126
뽑다 : pick up 拔   33

(ㅅ)

사거리 : intersection 十字路口   119
사계절 : four seasons 四季   201
사무실 : office   55
사용하다 : use 使用   13
산 : mountain 山   119, 165
산골짜기 : gorge 山沟   206
살다 : live 生活(动词)   139
삼거리 : 3 way intersection 三岔口   119
삼한사온 : a cycle of three cold days and   201
         four warm days 三寒四暖
상자 : box 箱子   62
상쾌하다 : feel refreshed 爽快   206
생강 : ginger 生姜   19
생선 : fish 鲜鱼   159
생활 : life 生活   104
생활한복 : Korean costume for living   62
          生活韩服
샤워 : shower 洗澡   179
서투르다 : be poor in ~ 打算   97
선선해지다 : become cool   201
선택하다 : select 选择   33
설명 : tell 说明   126
섬 : island 岛屿   165
소개하다 : introduce 介绍   206
소나무 : pine tree 松树   165
소방서 : fire station 消防站   119
소식 : news 消息   55
솔밭 : pine grove 松林   165

수 : number 数(名词) 186
수많다 : be a lot of~ 大量 159
수산물 : seafood 海产品 159
수산물시장 : seafood market 水产品市场 159
수확하다 : yield 收获 206
숙박료 : room rate 住宿费 179
숙박지 : lodging place 投宿地 186
숟가락 : spoon 勺子 13
술 : alcoholic drink 酒 82
숲 : forest 丛林 206
쉽다 : easy 容易 62
습기 : humidity 湿气 201
습도 : humidity 湿度 206
시간이 나다 : have time 有空 97
시골 : the country 乡村 206
시냇물 : stream 溪水 206
시민 : citizen 市民 165
시설 : facilities 设备 179
시장 : market 市场 159
식사 : meal 吃饭 13
식후 : after meals 饭后 82
신용카드 : credit card 信用卡 33
신청 : register 申请 75
신청인 : applicant 申请人 33
싸다 : pack 62
씩 : (two) times 每 82

(ㅇ)

아름답다 : beautiful 美丽 159
아프다 : be sick/have a pain 疼 75
안내하다 : come and get you 引导 119, 126
안부 : saying hello 55
안쪽 : inside 里面 159
알약 : a pill 药丸 82
애호박 : squash 小南瓜 19
야채 : vegetables 蔬菜 19
약 : about 大约 119
약 : medicine 药 75
약국 : pharmacy 药店 75
약봉투 : medicine paper bag 药包 82
약사 : pharmacist 药剂师 82
양념 : seasoning 作料 19
양파 : onion 洋葱 19
어젯밤 : last night 昨晚 75
언덕 : hill 山坡 139, 165
얼다 : freeze 结冰 201
엔화 : Japanese money 日元 40

여관 : inn 旅馆 179
여러분 : you 各位 40
여름휴가 : summer vacation 夏季休假 186
여행 : trip 旅行 186
여행하다 : travel 旅行 165
역 : station 站 126
열리다 : hold 举行 159
열매 : fruit 果实 206
열심히 : hard 认真地 97
영도 : Yeong-Do Island 影岛 146
영상 : above zero 零上 206
영수증 : receipt 收据 62
영하 : below zero 零下 206
예금 : deposit (bank account) 存款 33
예쁘다 : be pretty 回来 62
예약 : reservation 预约(名词) 186
예약자 : someone who reserved a room 预约者 186
예약하다 : reserve 预约(动词) 186
예정 : be going to 打算 97
오래되다 : old 历史悠久 165
오르다 : raise 上升 40
오른쪽 : right 右边 119
오른편 : on the right side 右边 165
온돌방 : a room with in-floor heating 炕房 186
올라가다 : go up to ~ 上去 119
옮기다 : move 179
외국 : a foreign country 外国 40
왼편 : to the left of 左边 165
요금 : rate 费用 55
요즘 : nowadays 近来 186
우리 : we 我们 126
우체국 : post office 邮局 55
우편 : mail 邮件 55
우편번호 : zip code 邮编 55
운동 : exercise 运动 97
운동장 : playground 运动场 104
울긋불긋하다 : be in various colors 花花绿绿 206
위치 : location 位置 126
위하다 : for 为了 55
유명하다 : famous 有名 159
유치원 : kindergarten 幼儿园 126
은행 : bank 银行 33
의원 : doctor's office 医院 82
이 : tooth 牙齿 75
이렇게 : like this 这样 104
이름 : name 名字 33

이용하다 : use 利用 — 33, 186
익다 : become ripe (ripen) 熟 — 201, 206
인터넷 : internet 互联网 — 186
일자 : date 日期 — 186
일행 : other Persons 同行者 — 186
입력하다 : enter 输入 — 186
입실 : check in 入住 — 186

(ㅈ)

자가용 : car 汽车 — 146
자기 : her/one's 自己 — 126
자주 : often 经常 — 13
작다 : small 小 — 97
작성대 : desk 写字台 — 33
잠시 : while 一会儿 — 82
장마 : the rainy season 梅雨 — 201
재료 : materials 材料 — 19
적다 : write down 写下 — 33, 55
적히다 : be written 写着 — 82
전 : before~之前 — 82
전국 : the whole country 全国 — 165
전하다 : deliver — 55
절 : temple 寺庙 — 165
절벽 : cliff 峭壁 — 146, 159
접속하다 : access(网络) 连接 — 186
접수대 : reception desk 挂号台 — 75
젓가락 : chopstick 筷子 — 13
정도 : about 大概, 程度 — 104, 119
정문 : front gate 正门 — 119
제 : I 我 — 119
제일 : the best 最 — 159
제출하다 : give 交给 — 33
조금 : a little 一点儿 — 13
조깅 : jogging 慢跑 — 104
조제실 : pharmaceutical preparation room 配药室 — 82
종류 : sort(kind) 种类 — 13, 159
주렁주렁 : in full fruit 硕果累累 — 206
주문하다 : order 点菜 — 19
주민등록번호 : ID number 身份证号 — 186
주방 : kitchen 厨房 — 179
주소 : address 地址 — 55
주위 : around 周围 — 165
주재료 : main ingredient 主材料 — 19
중간에 : at the middle point 中途 — 146
즐겁게 : delightfully 愉快地 — 104
지금 : now 现在 — 139

지나다 : pass by 经过 — 55, 119
지내다 : have time 度过 — 179
지루하다 : boring 枯燥 — 104
지불하다 : pay for 支付 — 179
지하철 : subway 地铁 — 126, 146
직원 : staff 职员 — 139
직접 : directly 直接 — 104
진달래 : azalea 映山红 — 201
진료 : medical treatment 诊疗 — 75
진료 의자 : an examination chair 诊疗椅 — 75
진료비 : doctor's fee 诊疗费 — 75
진료실 : consultation room 诊疗室 — 75
진찰 : medical examination 检查 — 82
진통제 : pain killer 止疼药 — 75
짐 : luggage 行李 — 179
집어먹다 : pick up and eat 夹着吃 — 13
짓다 : make 抓药 — 75

(ㅊ)

차가워지다 : get cold 变凉 — 206
차다 : cold 凉 — 201
찬호네 : Chan-Ho's family 灿浩一家 — 146
참기름 : sesame oil 香油 — 13
창구 : the window 窗口 — 33
창구 직원 : teller 窗口职员 — 33
찾다 : withdraw 取(钱) — 33
찾다(구하다) : look for 寻找 — 179
처리하다 : deal with 处理 — 186
처방전 : prescription 处方单 — 75
첩 : wrapper of medicine 包(量词) — 82
청구서 : bill 银行单 — 33
초가을 : the beginning of autumn 初秋 — 206
초등학교 : elementary schoo 小学 — 126
추워지다 : get cold 变冷 — 201
축구 : soccer 足球 — 97
출금 : withdrawal 取钱 — 33
충치 : decayed tooth 蛀牙 — 75
층 : story~ ~层 — 119
치과 : dentist's office 牙科 — 75
치다 : play (pool) 踢(球) — 97
치료 : treatment 治疗(名词) — 75
치료하다 : treatt 治疗(动词) — 75
친절하다 : (be) kind — 55

(ㅋ)

칸 : space 间 — 179
컴퓨터 : computer 电脑 — 186

콧물 : snivel 鼻水　82
콩 : bean 豆　19

(ㅌ)

타다 : take 乘坐　139
탁구 : table tennis 乒乓球　104
태종대 : Taejongdae 太宗台　146
태풍 : typhoon 台风　201
택시 : taxi 出租车　139, 146
퇴실 : check-out 退房　186
특급우편 : express mail　55

(ㅍ)

파 : green onions 葱　19
편리하다 : be convenient 方便　33
편지 : lette 信　55
편지봉투 : envelope 信封　55
편지지 : paper 信纸　55
펼쳐지다 : unfold 万顷　165
평소 : ordinary times 平时　82
평일 : weekday 平日　97
포장대 : packing table 包装台　62
포장하다 : pack　62
푸르다 : blue 蓝色　146, 159
프로축구 경기 : professional soccer game 职业足球赛　97
피다 : blossom 盛开　165
필요하다 : need 需要　40

(ㅎ)

하루치 : for a night 一天量　179

하얗다 : white 雪白　206
한 : about 大约　119
한복 : Korean costume 韩服　62
항구 : port 港口　159
항상 : always 总是　159
해마다 : every year 每年　146, 159
해물 : seafood 海鲜　19
해변 : beach 海边　139
해변도로 : beach road 海边路　139
해수욕 : swimming (in the sea) 海水浴　165
해수욕장 : beach 海水浴场　165
해운대 : Haeundae 海云台　139
향하다 : head for 朝着　146
험하다 : steep 险峻　146
헬스클럽 : gym/health club 健身俱乐部　97
현금지급기 : ATM 自动取款机　33
현금카드 : cash card 现金卡　33
형태 : type 类型　186
혼이 나다 : have a hard time 受罪　75
홈페이지 : homepage 主页　186
홍수 : flood 洪水　201
확인 : confirmation 确认　33
확인하다 : check 确认　40
환영하다 : welcome 欢迎　159
환율 : exchange ratee 换率　40
환전하다 : exchange (of money) 换钱　40
회 : raw fish 生鱼片　159
횡단보도 : a pedestrian crossing 斑马线　126
후 : after~ ~之后　75
휴가 : holidays / vacation 休假　179
흘러내리다 : fall down 流淌下来　206

◎ 지은이 : 나찬연

지은이 나찬연은 1960년에 부산에서 태어났다. 부산대학교 국어국문학과를 졸업하고(1986), 같은 학교의 대학원에서 문학석사(1993)와 문학박사(1997)의 학위를 받았다. 지금은 경성대학교 국어국문학과의 교수로서 국어학과 한국어 교육에 관련된 교과목을 강의하고 있다. 현재 '경성대학교 한국어학당'의 소장을 맡고 있으며, '국제한국어교육학회', '우리말학회', '한글학회' 등의 회원으로 활동하고 있다.

◎ 옮긴 이 : 조홍

조홍은 이 책에 나오는 어휘와 대화문을 영어와 중국어로 옮겼다. 조홍은 1985년에 중국 북경에서 태어나서 북경지질고등학교를 졸업했다.(2006) 경성대학교 영어영문학과를 졸업했으며(2011) 현재는 경성대학교 대학원 국어국문학과에 재학 중이다.

◎ 그린 이 : 김세정

이 책에 나오는 이야기 그림을 그린 김세정은 1980년에 부산에서 태어났다. 경성대학교 국어국문학과를 졸업하고(2005), 현재는 '벼리한국어학당'에서 컴퓨터 그래픽 디자이너로 활동하고 있다.

◎ 연락처

· 홈페이지 : http://byeori.net (벼리한국어학당)
            http://scammar.com (학교문법교실)
· 전자메일 : ncy@ks.ac.kr.
· 전화번호 : 051-663-4212, 010-2877-4212

'벼리한국어학당(http://byeori.net)'에서는 이 책에 나오는 내용과 관련한 멀티미디어 콘텐츠를 온라인으로 무료로 제공합니다. 그리고 이 책으로 수업을 하는 한국어 교육 기관에는 <한국어 회화 교육용 DVD 타이틀>을 무료로 배포합니다.

◎ 지은이의 주요 저서

우리말 이음에서의 삭제와 생략현상 연구(1993), 부산대학교 대학원.
우리말 의미중복 표현의 통어·의미 연구(1997), 부산대학교 대학원.
우리말 잉여표현 연구(2004), 도서출판 월인.
현대 국어 문법의 이해(2009), 도서출판 월인.
옛글 읽기(2009), 도서출판 월인.
중세 국어 문법의 이해-이론편(2010), 제3판, 교학연구사.
중세 국어 문법의 이해-주해편(2010), 제3판, 교학연구사(공저).
중세 국어 문법의 이해-강독편(2010), 제3판, 교학연구사.
개정 2판 한글 맞춤법의 이해(2010), 도서출판 월인.
언어·국어·문화(2010), 도서출판 월인.
벼리 한국어 회화 초급 1, 2 (2011), 도서출판 경진.
벼리 한국어 읽기 초급 1, 2 (2011), 도서출판 경진.

벼리 한국어 읽기 ::: 초급 2 :::

© 나찬연, 2011

1판 1쇄 인쇄__2011년 03월 20일
1판 1쇄 발행__2011년 04월 01일

지은이__나 찬 연
펴낸이__양 정 섭
꾸민이__김 미 미

펴낸곳__도서출판 경진
　　　　등　록__제2010-000004호
　　　　주　소__경기도 광명시 소하동 1272번지 우림필유 101-212
　　　　블로그__http://wekorea.tistory.com
　　　　이메일__wekorea@paran.com

공급처__(주)글로벌콘텐츠출판그룹
　　　　대　표__홍 정 표
　　　　기획·마케팅__노경민 김현아 주재명
　　　　경영지원__최 정 임
　　　　주　소__서울특별시 강동구 길동 349-6 정일빌딩 401호
　　　　전　화__02-488-3280
　　　　팩　스__02-488-3281
　　　　홈페이지__http://www.gcbook.co.kr

값__13,800원
ISBN__978-89-5996-105-4 93710